バイトを大事にする飲食店は必ず繁盛する

リピーター獲得論

大久保伸隆

411

はじめに

２００７年4月、23歳で居酒屋「塚田農場」を運営するエー・ピーカンパニーに入社した僕は、３カ月後、店長になり、入社1年後に新規店の立ち上げを任されました。

この新規店「宮崎県日南市塚田農場錦糸町店」が僕の人生のターニングポイントです。ここでの様々な取り組みが成果を上げたことから、２００９年にスーパーバイザー、２０１０年に事業部長、２０１１年に取締役営業本部長、２０１２年常務取締役になり、２０１３年に会社が東証一部に上場してからは、副社長とＡＳＥＡＮ事業の社長を兼任しています。

ここにいたるまでのすべての成果は、

「アルバイトは、従業員であると同時に、最も大事なお客さま」であることに気づいたことによるものです。アルバイトはお客さまと同じように大事な存在なので、楽しく働きながらやりがいを感じる職場を作ってきました。アルバイトにも、君たちはお客さまと等しく重要な存在だと伝え、それを見える形にすると、売上は上がり、結果、2007年度3月期5億5500万円だった年商は、2015年度3月期には192億3500万円となりました。

アルバイトは従業員であると同時に、大事なお客さまである——。

僕がそう考えるようになった理由をお話ししようと思います。

僕が店長になったのは、入社から3カ月、店長だった上長がエリアマネジャーになったからでした。特に成果を出したわけでもなく、ところてん式に店長になった僕には、早く認められなければという焦りがありました。認められるためには売上を上げなければなりません。売上を上げるにはお客さまにたくさん来てもらわないと。そして、たくさんのお客さまに来てもらうには、いい店を作らないと。

そこでふと考えたのです。

「お客さまにとっていい店」とはなんだろう。経営者にとってのいい店とお客さまにとってのいい店とは、同時に実現させられるものなのか。

「いい店」とは、どんな店を言うのだろう。

「いい店」に必要なものとは、なんだろう。

答えを探しながら仕事をやり続ける中、僕の出した結論は、「いい店」とは、お客さまが繰り返し来たくなる店であるとともに、従業員が楽しくやりがいを持って働ける店でした。


お客さまが繰り返し来てくれれば、売上は安定するので、お客さまにとって「いい店」と経営者にとって「(売上の)いい店」は、矛盾しない。では、「従業員にとっていい店」とは、どんな店を言うのでしょうか。

僕は、従業員が、経済的な面と精神的な面の両方で満たされることだと考えました。


2007年、僕が入社した当時から、エー・ピーカンパニーの運営する飲食店の料理のクオリティは高かったけれど、サービスにはこれといった特徴はありませんでした。

飲食店の評価は、主に商品力（料理の質や技術やおいしさ）とサービス力で決まりますから、サービスのクオリティを上げれば、お客さまにもっとアピールできると思いました。けれど、店全体のサービスのクオリティを上げるのは、店長一人でできることではありません。アルバイトを含む従業員全員のパフォーマンスを上げることが、お客さまの満足につながり、再来店してもらえて、売上を安定させるのです。

つまり、スタッフのパフォーマンスと売上は直結しているわけです。ということは、サービスのほとんどを担うアルバイトが、経営をしていく上でいかに重要かがわかります。

また、利益を上げるためには、売上を上げるだけでなく、コストを下げるのも一つの考え方ですが、ベテラン店長ほど、コストを下げると聞くや、すぐに、「FL比率」(food and labor：材料費＋人件費が売上に占める割合）を抑えようとする傾向にあります。僕個人の意見では、「FL比率」には適正値があって、それより低くしてしまうと、商品の質の低下や安全性の問題が出て、従業員の健康を害したり、やる気を下げたりしかねないので、あまり削りたくありません。でも、コストの中には、店長の努力で削減できるものもあります。その一つが、採用コストです。

今の採用状況で言うと、２０１６年度卒業予定の新卒生の求人率が１・７３倍（リクルートワークス研究所調べ）、２０１５年12月現在のアルバイトの求人率が１・６２倍（厚生労働省・職業安定局雇用政策課調査係調べ）と、いずれも１・０倍を大きく超えています。アルバイトの平均時給も前年の同じ月より20円（ジョブズリサーチセンター調べ）高くなりました。このような売り手市場になると、人が足りない、入社してもすぐ辞めてしまうなどの理由から、多くの企業が採用に多額のコストをかけるようになります。採用にかかる主な費用とは、求人サイトなどに出す広告費ですが、もしアルバイトが辞めずに働いてくれれば、新たに募集しなくていいわけです。楽しく、やりがいを持って働いているアルバイトは、積極的にシフトにも入ってくれるし、卒業や引っ越しなど、よほどの事情がない限り辞めません。ということは、アルバイトが長く働きたいと思う環境を作ることは、売上を上げるだけでなく、コストの削減にもなるということです。

僕は錦糸町店で、従業員の満足度を徹底して上げることで、アルバイトのパフォーマンスを上げ、お客さまの再来店につなげ、売上を安定させてきました。辞めるアルバイトもほとんどいなかったおかげで、採用コストはオープン以降ほとんどかからず、結果、伸びた売上はそのまま利益になりました。

アルバイトは従業員であると同時に、お客さまである。
そして、できるだけ多くのお客さまに感動してもらえる店を作る。

これが、経営者としての僕の使命だと思っています。
この本では、僕がどうやって従業員の満足度を上げたのか、また、具体的に何をやってリピート率を上げたのか。店長時代に編み出し、今も実践する、お客さまと従業員の両方の満足度を高める方法のすべてをお伝えしたいと思います。

バイトを大事にする飲食店は必ず繁盛する／目次

第3章 働きがいのある環境の作り方 159

イラスト 神林美生

図版製作 藤田雄介（エー・ピーカンパニー）

構成 風間詩織（エー・ピーカンパニー）

第1章 アルバイトの満足度が上がると、売上が上がる仕組み

お客さまをモンスターにする店、しない店

アルバイトのやる気は、これで上がる

僕は「塚田農場」ほか、「四十八漁場《よんぱち》」「わが家」などの居酒屋を中心に事業展開するエー・ピーカンパニーの副社長を務めています。塚田農場は、お客さまのリピート率が他店に比べて高く、平均で約6割、かつて僕が店長をやり、その後モデル店となっている「宮崎県日南市塚田農場錦糸町店」に限れば8割を超えます。売上も雑居ビルの空中階にもかかわらず、50坪105席で年商2億を超え続けた繁盛店です（飲食業界では、ひと月1坪20万の売上で繁盛店と呼ばれます）。

売上面積比が他店に比べて圧倒的に高いのは、多くのお客さまが予約されるのと、満席でもウェイティングしてくださるからです。「チェーン店なのに、待ってでも入りたい店」と言われ、『ガイアの夜明け』や『カンブリア宮殿』などのテレビ番組にも取り上げていただくようになると、テレビをご覧になった様々な業界の方から、

「塚田農場のアルバイトは、どうしてこんなにやる気があるのか」

「どうしたら、アルバイトがこんなに楽しそうに働けるのか」

「どうすれば従業員が、自発的に働くのか」

という質問が多く寄せられ、従業員や部下のやる気をどう引き出せばいいのかで、悩んでいる方がいかに多いか感じました。

また、飲食店を経営される方からは、「塚田農場」の高いリピート率の理由をよく訊かれるのですが、実はこの2つ――アルバイトが自発的に働く理由と、お客さまがリピートしてくれる理由――には、相関性があります。

それが、現在エー・ピーカンパニーで、幹部からアルバイトにまで教え続けている、

ＣＩＳ＝ＥＩＳです。

ＣＩＳとはCustomer Impressive Satisfaction（＝お客さま感動満足）、ＥＩＳとはEmployee Impressive Satisfaction（＝従業員感動満足）を意味します。僕は店長をや

EIS ＝ CIS ＝ 売上

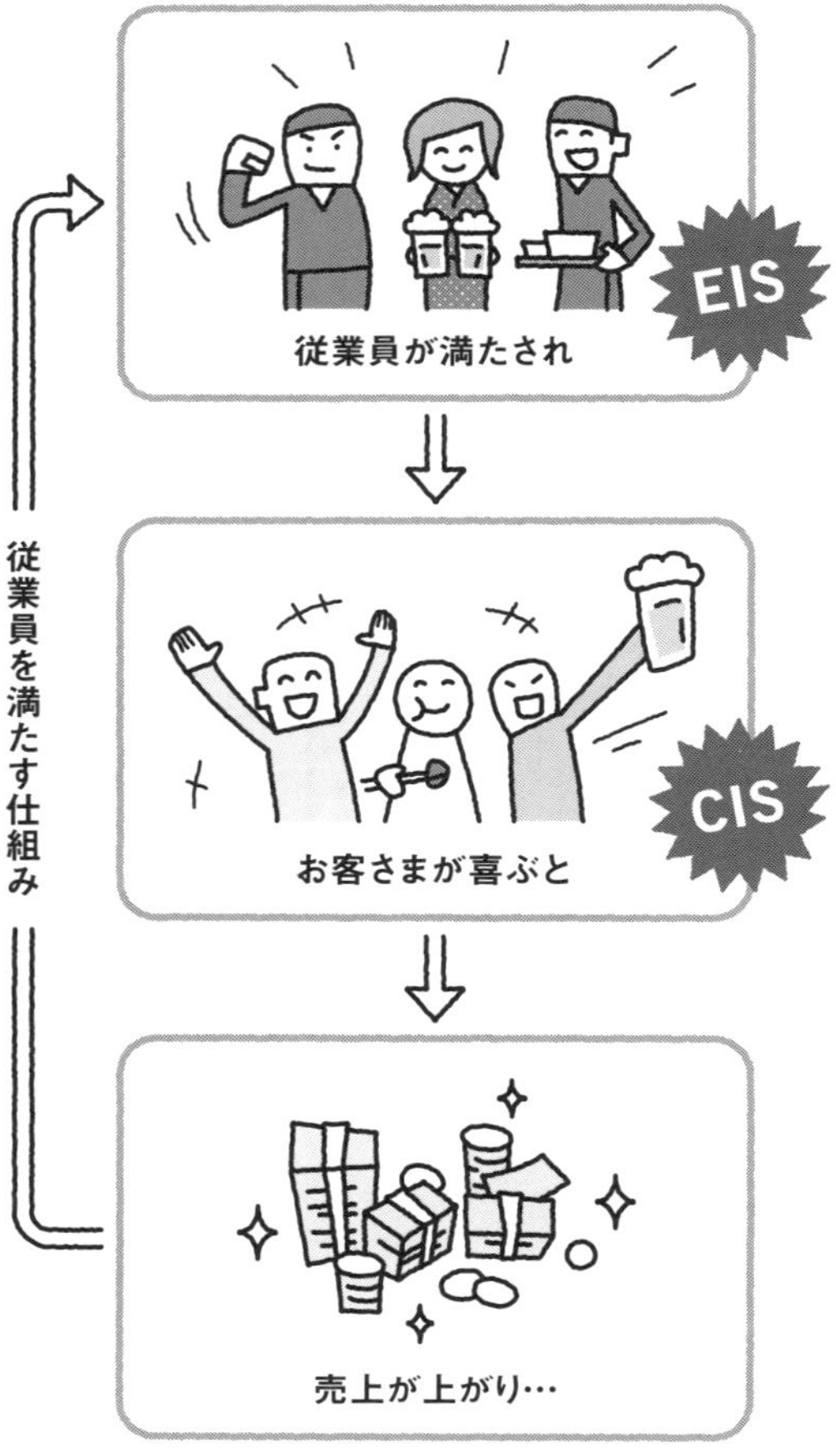

っている時に、この2つを同時に高める方法を見つけました。毎日現場を見てきたから知りえた、というより、現場を知らなければ考えつかなかった、現場主義の発想かもしれません。

現場力とは何か。それを知っていただくため、みなさんに1つ質問します。

お客さまは神さまなのか

店舗に何度も来ていただいている常連さんから、メニューにはないものの注文を受けました。受けるべきでしょうか。

「塚田農場」では、常連さんであっても、そうでなくても、お客さまの要望にはできるだけ応えたい、少なくとも、まずどうしたら叶えられるかと考えてみるスタッフは多く育っています。

先日、本社に届いたメールには、こんなことが書かれていました。

「その地域で一番おいしい鍋とランキングされていたので、期待して行ってみたら、

『塚田農場』は満席でした。気分はすっかり鍋だったけど、1時間以上待つと言われ、店の人も忙しそうだったので帰ろうとしたら、ちょっと待ってくださいと言われ、数分後、近くでおいしい鍋が食べられる店をプリントした紙を持ってきてくれました。満席の忙しい中、他の店の紹介までしてくれるなんて、感動しました。○○店の○○さんという名札をつけていました。次回は予約して、必ず行きます」

「塚田農場」を選んで来てくださった時点で、その方はお客さまですから、たとえ店に入れなくても、できる限りのことはやる、スタッフ全員がこうした行動をとれることが理想です。

ただし、要望がエスカレートして、他のお客さまから不公平に見えてしまうとなると話は別です。スタッフがお客さまのために費やす時間は、初めてのお客さまにも常連さんに対しても同じであるべきで、たとえ通い慣れた常連さんだとしても、労力がかかりすぎて、通常のオペレーションの範囲内ではできないこと、「食のあるべき姿を追求する」という企業理念から外れることは、お断りしています。

「塚田農場」は、客単価4000円で、おいしい地鶏と料理、それに合わせたお酒を味わってもらうことを目的とした店。ですから、特別な調理を必要とする注文に応えるより、まずはメニューから注文されたお客さまに納得いただく質の高い商品を出すことが優先されます。同時に、スタッフが心掛けているのは、「居心地のいい空間」なので、周囲への気遣いを忘れるほど酔ってしまった方や、内輪で盛り上がりすぎて騒がしくコールなどを連発されるグループには、注意を促すこともあります。

どこまでお客さまの要望に応えるかは、店の目的や雰囲気とのバランスの兼ね合いで、それを見極めるのが、店長の仕事です。多くのお客さまは自由にふるまっているように見えても、実は店の雰囲気を感じて、立ち居振る舞いを合わせてくれています。そうしたお客さまが期待する「いい雰囲気」を維持する責任が、店長にはあるのです。

なぜ、そんな話から始めたかと言うと、飲食店の仕事は「アルバイトでも務まる、単純な仕事」「長時間労働でキツイ」と思われている方が多いからです。

でも、アルバイト時代も含めて10年以上も現場をやってきた僕に言わせれば、飲食業は、人をくつろがせ、楽しませ、感動させる、奥の深い仕事です。店長の発想と、工夫次第で、店は活気に溢れ、多くの人を呼び寄せます。単純な仕事とか、大変そうと思われている方には、ぜひ一度「塚田農場」に来て、働いている従業員の顔を見てもらいたいです。価値のある仕事とか、つまらない仕事という評価は、やっている本人の気持ち次第ではないでしょうか。

僕は店長の仕事が面白くてたまらず、実は今でも店長もやっています。やるほどに、次々とやりたいことがわいてきて、一生かかっても究められない奥深さを秘めていると思っています。

売上だけよくても、やりがいは得られない

それでも大学生だった頃は、居酒屋のアルバイトにやりがいを感じながらも、就活ではなんとなく飲食店を避け、最初に内定をもらった不動産業界に就職しました。どんな業界の仕事でも、誰にも負けたくない、一番になりたいと思えば、誰でもトップをとれる、仕事はやる気と努力次第だと考えていたので、とにかく働いて、まずは同期でトップをとろうと決めていました。

ところが、好調な成績と上司からの十分な評価をもらっても、少しも嬉しさが感じられません。それどころか、日曜日の夜、テレビアニメ『サザエさん』が始まると、翌日からの出勤を思い出し、辛くなってしまいます。当時は知りませんでしたが、通勤や通学が憂鬱になる、「サザエさん症候群」という状態だったようです。

入りたかった不動産会社に入社でき、会社から十分評価されているのに、なぜそんな風になってしまったのか。その原因は、自分が扱っている商品に愛着を持っていなかったことでした。自分がいいと思っていないものを売ることに、やりがいが感じられず結局たった1年で退職しました。

そして、アルバイト時代、楽しさとやりがいを感じさせてくれた飲食の仕事に戻ろうと思ったのです。

エー・ピーカンパニーに入社したきっかけは、単純ですが、数ある飲食店の中で商品力が極めて高かったからです。接客はお客さまをもてなす仕事ですが、ただ気持ちよく過ごしてもらうだけではありません。お客さまの好みに合ったフードやドリンクを勧めて買っていただく、営業の側面もあります。自分がおいしく感じた料理なら、自信を持

商品を愛せない営業マンは…

って勧められると思い、エー・ピーカンパニーに入社しました。

「ブラック企業」はなぜ、なくならないか

こんな会社が「ブラック」と呼ばれる

接客業は、人を喜ばせることが好きな人間にとっては、最高にやりがいのある仕事です。けれども一方で、接客、調理、片付け、レジまでをたった一人にやらせていた一部の飲食店によって、テレビやネットで「ブラック企業」という言葉が広まり、それがまるで外食ビジネスを象徴するかのように言われるのは、すごく残念なことです。

では、再びみなさんに質問です。巷で使われる「ブラック」という言葉から、どんな仕事をイメージしますか？

もちろん、メディアやコメンテーターたちが批判するように、ひどい職場環境もあるとは思いますが、一方で「ブラック」という言葉も独り歩きし始めてしまっているように感じます。

「ブラック企業」を名指しで批判する記事では、長時間労働、薄給、苛酷な労務環境を挙げていますが、実は批判されるべきところは、条件面だけではないのではないでしょうか。働いている本人が、楽しくて自分がやりたくてやっているのか、それとも、ムリにやらされているのか。

あくまで僕個人の定義ですが、僕は「ブラック企業」とは、「若者のやる気を利用し、人材を使い捨てにする会社」だと思っています。本人の意志を無視して、会社の都合を優先して働かせる、それが「ブラック」と呼ばれる所以《ゆえん》ではないかと。企業は人材の成長なくしては業績を上げられないと先にも書きました。なのになぜ、そんなことをしてしまうのか。僕なりに、３つの背景を考えてみました。

「ブラック企業」を生む3つの背景

①理解のない経営者・上司

飲食業界は、中卒も高卒も高学歴のエリートも、平等に勝負できる、実力だけの世界です。二世を除けばトップのほとんどが、たたき上げか、独自のやり方で成功されています。

「学びたければ、盗んで覚えろ」という言葉も残る業界で、新卒を教育し、育てる仕組みのある会社は少数派です。一方で、精神論、根性論がまだまかり通っていたりします。僕は、楽しく仕事をして、成長できるなら、それが一番じゃないかと思うのですが、厳しい下積みを乗り越えてきた経営者の中には、理不尽さも人を成長させるには必要と考える人もいます。時には、健康を害したり、心が折れて辞めていく人を、弱い人間だと非難する人さえいるようです。

確かにどんな仕事にも、楽しいだけでは務まらない、辛い面やきつい時期はありますが、本人がその意味を理解し、前向きに取り組もうと思わなければ、ただ苦しいだけで、がんばっても得るものがありません。働《はたち》くのは二〇歳を過ぎた大人です。自分の頭で考えられる人間に、ただやれと言って働かせられる時代ではなくなったのです。その仕事にどんな意義があるのか、楽ではないことをやってもらうのなら、それを乗り越えた時にどんな成果が得られるのか、会社や本人がどれだけ成長できるのか、そういうビジョンをきちんと部下に見せられることが、リーダーや経営者の仕事なのだと思います。

従業員を自分の手足のように動かせると考えている経営者には、もっと従業員と対話して、若者がどんな働き方を望んでいるのか、何を生きがいに感じるのかを理解するところから、始めてほしいと思います。

②就職活動におけるミスマッチ

今の大学生たちの就職活動の実情をご存知でしょうか。２０１５年度、経済界の諸事情で就職活動、通称「就活」の解禁は遅くなりました。それでいて、卒業も入社式も変わらないのですから、学生が就活に使える時間は短くなるということです（もちろん、中には説明会前からしっかり準備している学生もいますが）。

一方で、学生の７割近くは、インターネットの求人サイトを情報源として利用しています。多くの会社の情報が見られる上に、ワンクリックでプレエントリー（昔で言う、

ブラック企業のできる背景

① 理解のない経営者・上司

② 就活でのミスマッチ

③ 消費者の過剰な期待

資料請求のようなもの）できるので、一人平均57・7社にプレエントリーし、平均24・3社の企業説明会に参加しているそうです（２０１４年卒学生の就職活動の実態に関する調査＠公益社団法人全国求人情報協会調べ）。

プレエントリーは、大学のキャリアセンターなどで、「早い時期」に「多くの」登録を勧めることもあり、学生たちは業界研究や会社を調べるのは後回しにして、知っている企業や業種、福利厚生や雇用条件、平均年収のいいところに、とりあえずエントリーする傾向にあります。人気が高ければ、当然採用は厳しくなるので、人気企業だけしか受けないと、内定がなかなかとれないという悲劇にも見舞われます。

でも、求人サイトに登録がなくても、優良企業とされる会社が、日本にはまだまだたくさんあります。例えば、経産省主催の「おもてなし経営企業選」に選ばれた企業や、10年先を見据えた投資会社に評価されるような企業、所属部署にこだわらず全社員から広く新しいプランを掬いあげ実践している会社や、ユニークな教育環境を与える会社です。けれど、求人サイトしか見なければ、そうした会社の存在を知ることなく、サイト上の情報だけをうのみにして、入社することになります。イメージ先行で入社すれば、

「想像と違った」と辞めるケースも当然多くなります。今や3年以内に新入社員の3分の1が辞めてしまうのだそうです。

そうした中途半端な就活によるミスマッチの早期退職者が企業批判をすれば、事実はどうであれ面白おかしく取り上げるメディアも出てきます。匿名による批判については、見る側も慎重になるべきだと思います。

③消費者の過剰な期待

安さだけに価値を置き、価格しか見ない消費者が増えれば、安さだけを追求する企業も現れます。消費者にとって、安いのは確かに嬉しいことですが、安すぎる料理、安すぎる料金設定の裏には、食品偽装、過重労働などを起こす危険をはらんでいます。適正な価格の維持は、それに関わって働く人たちの雇用の安定だけでなく、地域の活性化、後継者の問題にもつながる大事なこと。それを忘れて、消費者が「安ければいい」「安いほどいい」となれば、ムリな原価や人件費は、末端の社員や弱い取引先へと押し付けられます。さらに負のスパイラルは、回り回って、消費者自身の生活にも影響を及ぼしかねません。コスト削減と言えば、無駄をなくすような取り組みに聞こえますが、行きすぎれば必要なところにまで負荷をかけかねないので、利益を上げるより一層の注意が必要になります。だから僕は、コスト削減より売上を上げることを重視してきました。

ではみなさんにもう一度質問です。ブラック企業の反対はなんでしょう？

ブラックの反対として「ホワイト企業」という言葉もありますが、エー・ピーカンパニーは、ブラックもホワイトも目指しません。会社のカラーは従業員が作っているもので、一人ひとりの従業員の個性を、会社の色に塗りつぶしたくはないからです。強いて言うなら、すべての従業員が自分の強みを生かし光り輝く、「ダイヤモンド企業」を目指します。そのために、社員の強みを見出し、発揮できる場をもっと作れるよう努力していくつもりです。

居酒屋の就活支援が人気の理由

人気企業はどうやって決まるのか

店長を務めていた頃、生き生きと働いていた学生たちが、顔を曇らせる時期が毎年のようにありました。原因は就職活動です。

僕自身も経験するにはしましたが、今思えば、かなり適当に済ませたものです。会社や業種をあまり絞らず、効率的に説明会を回り、最初に内定をくれた不動産会社に就職。特に深く悩むことなく終えました（だから、1年後に転職するわけですが）。

でも店長として、学生アルバイトたちを束ねる身になってみれば、ことは重大です。経験のある、能力の高いアルバイトたちにシフトに入ってもらえないのは痛手だし、それ以上に、「なんでも解決してくれる」店長（と思われているはず）の僕が、なんの解決策も見せられないのも悔しい。そこで、就活について調べ始めました。

一方、エー・ピーカンパニーも、僕の入社した翌年の2008年に初めて会社説明会を開き、2009年4月に新卒1期生が入社しましたが、やってみてわかったのは、期待したほど学生は集まらないということ。他社との違いをどう伝えればいいのか、学生はどんな説明会にならら来たいと思うのか、採用のノウハウなど何もない中、手探りで始まった新卒採用でした。

当時のエー・ピーカンパニーは、上場はしておらず、マスコミに取り上げられることもなく、会社名も「塚田農場」も、全く知られていませんでした。求人サイトに登録しても、エントリー数は上がらず、説明会を開いても、来てくれたのは学生2人だけ、会社側の人数がずっと多いことなど、ざらでした。それでも手を抜くことなく、数名しかいない学生に対して、全力で将来のビジョンを語る米山久社長の姿に胸打たれたことを覚えています。

現在のエー・ピーカンパニーは、社員数約800、アルバイト数約4000の合計4800人ほどいて、2016年度の内定者は、百数十名になりました。上場やメディア露出の効果もあって、以前に比べれば、だいぶ学生が集まってくれるようにはなりましたが、会社のミッションに共感し、目的意識を持って仕事のできる人材に入社してもらうことは、そう簡単ではなく、人事を担う「人材採用開発チーム」はつねに努力し続けています。

僕自身、飲食店のアルバイトにはまり、接客の仕事に十分魅力を感じていながら、他業種を選んだことは先にも書きました。「飲食業には行かない」と決めていたわけではなかったのですが、お客さまや先輩に可愛がってもらい、店には重宝されて、自分は結構できると、思いあがっていたのかもしれません。アルバイトと社員の仕事の違いを考えてみることもなく、社会人になっても同じ仕事じゃつまらない、飲食業以外の業界で自分の能力を試してみたいと、他業界への就職を決めました。

飲食業は人気業界とは、とても言い難いのが現実です。

いい会社は、何が「いい」のか

昨今は売り手市場と言われますが、採用問題は企業側だけにあるわけでなく、応募する学生も相変わらず何をすればいいのかわからないと、就活に悩んでいます。

採用する企業、内定を求める学生、その間で振り回される親や大学。当事者みんなが大変そうな就活で、いったい誰が利益を得ているのでしょう。

「新卒就職人気ランキング」で、上位にランクインしているのは、東証一部上場の大企業や、誰もが知っている有名企業ですが、株価や業績、業界での評判はあまり関係なく、イメージ先行の印象です。学生が企業を選ぶ基準はずいぶんと偏った、いい加減な感覚だと思われるかもしれませんが、学生時代の僕も、そんな一人でした。

かたや、企業側はどんな基準で学生を選んでいるのかと言えば、こちらも、高学歴の学生を集め、その中から自社に適した学生を選んでいるところが多いのが現実。応募する側も採用する側も互いに知名度重視の就活です。

学校側から見れば、内定率と内定先は、今や大学人気を左右するほどの一大事ですから、どこの大学もキャリアセンターを設置し、一人でも多くの学生が内定をもらえるよう、発破をかけています。とはいえ、大学の職員さんたちは、企業についても、就活についてもプロではありませんから、毎年変わる状況と動向に振り回されているのが実情の様子。

「いいところ」に就職したい学生とさせたい親・学校、「いい学生」が欲しい企業です

【2013年】新卒就職人気企業ランキング

1	電通	11	明治グループ(明治・Meiji Seika ファルマ)
2	伊藤忠商事	12	花王
3	オリエンタルランド	13	味の素
4	資生堂	14	三菱商事
5	三菱東京UFJ銀行	15	丸紅
6	全日本空輸(ANA)	16	サントリーホールディングス
7	ＪＴＢグループ	16	みずほフィナンシャルグループ
8	三井住友銀行	18	旭化成ホームズ(へーベルハウス)
9	大日本印刷	19	東京海上日動火災保険
10	博報堂	19	東日本旅客鉄道(ＪＲ東日本)
		19	ソニー

【2013年】おもてなし経営企業選 選出事業主

北海道	中部
エコノス	オートセンターモリ
櫻井千田	日本ウエストン
医療法人社団北星会	有限会社 兵吉屋
ホリ	物語コーポレーション
東北	近畿
一心亭	イノブン
佐市	伍魚福
清月記	ノアインドアステージ
峯田電器	ハッピー
関東	びわこホーム
アイエスエフネット	中国
有限会社 あきゅらいず美養品	オタフクソース
石坂産業	社会福祉法人こうほうえん
いせん	サマンサジャパン
伊那食品工業	トゥモロー
エー・ピーカンパニー	四国
大里綜合管理	北四国グラビア印刷
大麦工房ロア	四国管財
ＪＲ東日本テクノハートTESSEI	ファースト・コラボレーション
新日本ビルサービス	九州
生活の木	一蘭
DIOジャパン	九州壹組
日本レーザー	有限会社 共栄資源管理センター小郡
坂東太郎	スターフライヤー
平成建設	不動産中央情報センター
ベアーズ	沖縄
水上印刷	みたのクリエイト
都田建設	琉球光和
武蔵境自動車教習所	

が、そもそも就活、採用で言う「いい」とは何を指すのでしょう。正解が見つからず、誰もが「迷子」のような状態です。

「迷子」の学生は内定がもらえない

「迷子」には3種類あります。「目的地がわからない」「行き方がわからない」「自分がどこにいるのかわからない」の3種類です。中でも3番目の、どこにいるのかわからない迷子の状態が一番やっかいです。自分の居場所がわからなければ、助けてあげることもできません。

就活でも全く同じで、目指す目的地にあたる「自分に合う仕事や企業」や、行き方である「内定のとり方」を考える前に、現在の自分の立ち位置、自分がどういう人間なのかをわかっておく必要があります。なのに、ここに時間を使っている学生がすごく少ないのです。

エントリー先の企業から送られる説明会のスケジュールに追われ、友達のエントリー数を聞いてまた焦り、自分を掘り下げる作業が、すっかり後回しになっています。「迷迷子…

子」の状態のアルバイトを見ているうちに、僕にもやれることがあるんじゃないか、と思う気持ちが大きくなっていきました。

これが就活支援セミナー「塚田農場キャリアラボ」、通称「ツカラボ」を始めたきっかけです。

正解のない就活の正しい進め方

「ツカラボ」の目的は、アルバイトの学生たちが納得の行く就活ができるようになることです。就職活動は自分に合った企業に就職するためのものですが、自分にぴったりの企業は簡単には見つかりません。そこで、様々な業界、業種、企業研究を行い、自分に合いそうな企業の説明や面接を受けて、実際に合うかどうか考えます。その時に必要なのが、「合う」「合わない」の判断で、その判断基準になるのが価値観になります。自分で自分の価値観をわかっていれば、親や学校や友達の言葉に惑わされず、自身で企業の価値を判断できます。

自分で選ぶこと、それが、価値観が多様化した今の時代、納得できる就活のあり方ではないでしょうか。

それには、まず徹底して自分を知ることから始めます。面接でよく訊かれる、学生時代に取り組んだことや得意、不得意、長所、短所だけでなく、「ツカラボ」では、9歳の頃までさかのぼって、何をしている時に最もワクワクしたかを書き出す、「価値観発見ワーク」というものをやってもらいます。人は10歳を過ぎた頃から親や教師や友達など、世間の目を意識した行動をとるようになるため、自分だけの価値基準、「好き」「やりたい」だけで行動できるのは9歳あたりまでという説があります。ですから、幼い頃の自分にフォーカスして、何にワクワクしたのかを見つけてみよう、そこから今の自分がワクワクできるものを探し出そう、というワークです。

そうした自己発見ワークに加え、ディスカッションやロールプレイなどのグループワークをやりながら、その年の採用状況や傾向、企業、業種、業界を知ることの大切さを説き、人気企業、有名企業だけにとらわれない考え方を教えています。

100%内定がもらえる、話題の「ツカラボ」

また、「ツカラボ」では、内定率100%の実績を継続しています（全講義を受け、設置した無料のキャリアセンターを利用しながら就活を行った場合）。確実に内定を取るためには、毎年何十万もの学生が殺到する人気有名企業だけを受けていてはだめで、なじみのない業界、中小企業もリサーチするよう、繰り返し話しています。「いい会社」とは知名度ではなく、自分にとって「いい会社」であること。そして自分にとって「いい会社」とは、企業理念と自分の価値観が一致することなのだと。

はじめは就活のプロでもない僕が何を教えられるのか不安もありましたが、始めた2013年は、マーケットをリサーチしては考え、話しながらまた考え、成果や反応を見ながらさらにまた考える講義を続けたところ、アルバイトを続けながら研修すべてに出た30人全員に、内定が出ました。

内定を掲げて報告に来てくれる学生たちも大勢いて、

「面接官をお客さまだと思えと言われてから、面接が得意になりました」

「自己分析と企業研究で、それまで知らなかった会社に入りたくなりました」

と言ってもらえるのは、嬉しいものでした。こうしたフィードバックや純粋な感謝の言葉は、金銭的な報酬以上の「何か」を与えてくれます。現に僕もその「何か」にやる気を刺激され、翌年、その翌年と、さらに規模を広げています。

規模が大きくなっても、教える内容は一緒で、自己分析と企業研究を徹底してやれば、世間の無責任な評価に振り回されることなく、納得のできる就職活動ができるのです。

当たり前のことを言っていると思われるでしょうが、とにかく「早く」「数多く」の内定をとりたくて焦っていると、そんな当たり前のことさえ見失ってしまうため、ごく真っ当なことを繰り返し語りかけ、気づいてもらうようにしています。

就活は、多くの学生にとって、自分の人生を真剣に考える最初のステップです。

就職活動をきっかけに自分を掘り下げ、強みや価値観を探る経験は、たとえ希望の会社に入れなくても、今後働いていく上できっとやってよかったと思えるでしょう。どうせやらなければならないのなら、自分にフィットする会社と出合う機会だと思って、働く楽しさに気づいてほしい。それが「ツカラボ」の目的です。

2015年度からは、エー・ピーカンパニーの契約農家、漁師、地鶏の養鶏場などで

仕事を手伝いながら一次生産の現場を学ぶ「体験ラボ」、農業や食材などを学ぶ「食育」や日本酒や焼酎の蔵元から酒の知識を学べる「酒育」などの「インターンシップ」など、プログラムを充実させ、理論だけでなく行動と体験からも学べるようにしました。

今後も、優秀なツカラボ生とともに、「ツカラボ」を成長させていくつもりです。

ポテトフライでお客さまの期待を超える

目的があると、やりがいが上がる

エー・ピーカンパニーの社員に、「エー・ピーらしさとは何か」と尋ねると、おそらく3人に2人はこう答えると思います。

CIS＝EIS＝売上

前述しましたが、CISとはCustomer Impressive Satisfaction（＝お客さま感動満

足）、ＥＩＳは、Employee Impressive Satisfaction（＝従業員感動満足）のことです。エー・ピーカンパニーでは、新規事業のような大きな計画から、「塚田農場」での小さなキャンペーンまで、何か始める時は、お客さまと従業員どちらにもメリットがあることが必要で、どちらか片方しか喜ばないことは、決してやりません。

なぜかと言うと、経営は売上、つまりお客さまなしでは成り立ちませんが、経営の基盤である組織は、従業員なしでは成り立たないからです。特に、会社が成長してビジネスチャンスが広がるほど、共感して、ともに行動してくれる従業員の重要度は増します。

店舗運営で言えば、売上を上げるには、お客さまに喜んでもらう必要があり、同時にお客さまに喜んでもらえる行動のできる従業員が必要不可欠ということです。一方で、従業員がお客さま優先で働けるかどうかは、職場の環境づくりにかかっています。やりがいや幸せを感じられる職場なら、店の目標である「お客さまを感動させる」ことを、従業員が自分の目的としてとらえられるようになるからです。

有名な話ですが、ヤン・カールソンの『真実の瞬間』という著作の中で書かれた、２人の石工のことを、よく研修で話します。

スペイン、バルセロナで建設中のカトリック教会、サグラダ・ファミリアの建設現場を通りかかった一人の旅人が、石を削る男に何をしているのかと尋ねると、忌々しそうに、

「見てわからないのか、石を削っているんだ」と答えます。さらに歩き進めると、また別の石工が同じ作業をしていたので、懲りずに同じ質問をしてみると、今度の男は、「世界で最も美しい大聖堂を創っている」と晴れやかに答えた、という話です。

店舗スタッフの仕事を、来店されたお客さまを案内し、注文をとり、料理やドリンクを運び、お会計をする、という単なる作業と考えるのか、それとも、自分の店を選んで来てくださったお客さまに感動してもらう仕事と考えられるか。同じ仕事でも、自分がどうとらえるかで、やりがいや満足感はまるで違ってくるという話です。

ですから、経営者は従業員がやりがいを持って働ける環境を用意し、従業員が誇りを持って働けるよう理念に共感してもらうことが、何より大事だと思っています。

目的がやりがいを生み出す

一方で同じことは、店長にも言えます。店長も経営者と一緒で、お客さまの満足度を高めて売上につなげるには、アルバイトが能力を発揮し、やりがいを感じる職場を作る必要があります。

お客さまを感動させると、アルバイトが満たされる法則

個人店の中には、例えば飛びぬけて接客のできる店長やオーナーもいます。そういう店は、お客さまもそのオーナーや店長を目当てに来るのでしょうから、他のスタッフは補佐でいいという考え方もあるかもしれません。ただ、どれだけできる人間でも、一人で対応できるのは30人くらいだと思います。客席数が、小さい店でも60、多いと200以上ある「塚田農場」では、店長一人でお客さま全員を満足させることはできませんから、接客はアルバイトの仕事になります。つまり、お客さまの感動満足度は、アルバイトのパフォーマンスで決まるわけです。

では、アルバイトのパフォーマンスを上げたい時、みなさんが店長なら、どうやって

教えますか。

「呼ばれる前に、気づく」「一度に2組以上のご案内はやめる」「灰皿の交換はまめに」「卓上の品数を気にかける」……。

具体的に一つ一つ教えるのもありですが、僕は、一定レベルの接客ができるようになったアルバイトには、自分の頭で考えてもらいたいと思いました。そこで、「お客さまから『ありがとう』と言われるサービスを目指そう」と伝えることにしました。

感謝の言葉は、普通は、お金を受け取る店や従業員が、お客さまに言う言葉です。でも、お客さまの期待以上のサービスができると、お客さまから、「ありがとう」という言葉が返ってくるのです。初めて「ありがとう」と言われたスタッフの笑顔は、なんとも印象的です。僕は、この笑顔が、

「CIS＝EIS」が本人の意識の中で理解できた瞬間、だと思っています。

では、お客さまの期待は、どうしたら超えられるのでしょうか。それはスタッフ一人ひとりが、目の前のお客さまを感動させたいと、本気になることだと思います。目の前

のお客さまを感動させたいと真剣に思えば、「お客さまの期待」を知りたくなるはずです。だから、「塚田農場」のアルバイトは、「お客さまの期待を探り、それを超える」サービスを目指すのです。

ではまた、質問です。みなさんがスタッフの一人としてオーダーをとりに行ったら、カップルのお客さまの一人は、ポテトフライのプレーンを、もう一人はバジル味を頼みたいと言い、なかなか決まりません。そして「どちらの方がお勧めか」と訊かれました。さて、みなさんならどう答えますか？

お客さまを喜ばせる「後だし」とは

これも店舗に立っている時に、実際にあった話です。その時僕は、自己主張がやや強めに見えた女性の意見を尊重し、プレーンをお勧めし、キッチンにオーダーを通す際に、「5バジル、別盛りで頼む」と付け加えました。解説すると、プレーンのポテトフライの中から、5本だけ取り出してバジルをまぶし、小皿に盛ってくれ、と頼んだわけです。

やがて揚げたてのポテトフライができ上がり、僕は小皿を背中に隠して、プレーンを出しました。２人が食べ始めたので、「いかがですか」と訊くと、「おいしい」と答えられたので、

「先ほど、プレーンとバジルのどちらにしようか、迷われていましたよね。バジル味も試してみたくないですか？」と言いながら、小皿のバジル味を出しました。２人はとても喜び、場は一気に盛り上がりました。

これを研修で話したら、ある社員から、

「迷っている時に、半々で出します、と言ってあげた方がよかったのでは」という意見が出ました。もちろんそれでもいいのです。ただ、お客さまの期待に応える方法として、どちらがよりお客さまの印象に残るか、ということです。僕がお客さまの立場なら、その場で半々にできますよと言われるより、プレーン味に納得した後に、スタッフが自分たちのためだけにサプライズを用意してくれたその気遣いを、より嬉しく感じます。

これが僕が目指す、お客さま一人ひとりに合わせたサービスです。

喜びを感動に

味に納得
してからの

マニュアルの落とし穴

お客さまがどんな目的で来店され、どんな接客を望まれているのかがわかれば、そうしたサービスを考えるチャンスが増えますから、スタッフには、とにかくお客さまを観察しろと言っています。お客さまの会話や乾杯の掛け声、座る位置などを注意して見聞きしていれば、感じとれるものです。

ただ、こうした気づきは、個人の観察眼や性格で、接客レベルに差が出てしまうのが難しいところです。差が出るということは、前回、期待を上回る体験をしたお客さまがリピートされた時に、他のスタッフによって期待を下回ってしまう危険もあるということです。それに、一度期待を超えれば、お客さまは来店のたびにさらに上を期待し続けるでしょう。いっそそんな面倒くさいことはやらず、サービスはマニュアル教育にして、均一化すればいいという意見もあるでしょうが、僕にはそれがベストとは思えません。

決められたことをただやるだけの作業になってしまっては、その先にあるのは、「仕事への飽き」です。考えなくてもいい、ただの作業は、一見効率よく見えても、人の思考を奪い、成長を止め、同時に喜びや感動などの感情も奪います。

スタッフ一人ひとりが、目の前のお客さまの期待を探り、自分で考えて応える——。非効率ではあるけれど、その中から感動のサービスが生まれることを信じています。

アルバイトが辞めない2つの理由

精神的報酬と経済的報酬

ＥＩＳ（＝従業員感動満足）を上げるには、やりがいや達成感が得られる環境が重要だと書きましたが、それだけでは足りません。もう一つの大事なもの、それはお金です。当然と言えば、当然なのですが、それなら時給を上げれば、上げた分だけ満足度が上がるかというと、そうならないのが不思議なところで、大事なのは、「精神的報酬」と「経済的報酬」の両方がバランスよく満たされることです。

「精神的報酬」とは、前述した仕事での成功体験や、一緒に働くスタッフとの一体感、評価や、成長実感などを言います。精神的報酬のない環境——やりがいのない仕事や、成果を上げても反応のない上司、人間関係のよくない職場——では、がんばる意欲は失われるし、逆に、やる気の上がる職場環境が作られれば、人は自発的に伸びていけるものです。

一方で、「経済的報酬＝お金」の大切さも無視できません。アルバイトはそもそもお金を稼ぐために来ているわけですから、希望の金額を稼げるようにシフトを考えるのは店長の仕事。にもかかわらず、「世の中お金じゃない」とか、「成長できるから」とか、精神的報酬でごまかすところが多いと思いませんか。

アルバイトのやる気を上げて、しっかり稼がせてあげられれば、店も従業員もＷＩＮ－ＷＩＮになるはずです。

では、質問です。そうした理想的な店、つまりアルバイトの「精神的報酬」と「経済的報酬」を満たすためには、何が必要でしょう。

答えは一つ、「売上」です。

売上がない店は、利益が出ないので、アルバイトのシフトを削ることになります。当然、経済的報酬は下がりますが、実際には精神的報酬も一緒に下がってしまうのです。

想像してみてください。多くのお客さまで沸く人気店と、お客さまがほとんど来ない、いわゆる不振店があるとします。成長意欲の高いアルバイトがそれぞれの店で1年間働いた場合、やる気を維持し続けられているのは、どちらでしょうか。

人は、成果が出てこそ、やる気が出ます。お客さまのほとんど来ない店で、お客さまを感動させることを考え続けるのは難しいものです。

ただ、繁盛店で働くにしても、目の前の作業に忙殺されるだけで、成果を感じる余裕がなければ、接客がただの作業となり、やる気は落ちるでしょう。

やる気を上げるためにはお客さまが必要。でもただお客さまが多いだけでは、従業員のやる気にはつながらない。どうしたら、お客さまの増加を従業員のやる気アップに直接つなげられるのか。

そう考えた時、お客さまの数を増やすのではなく、お客さまの来店頻度、リピート率を上げるという結論にいたりました。

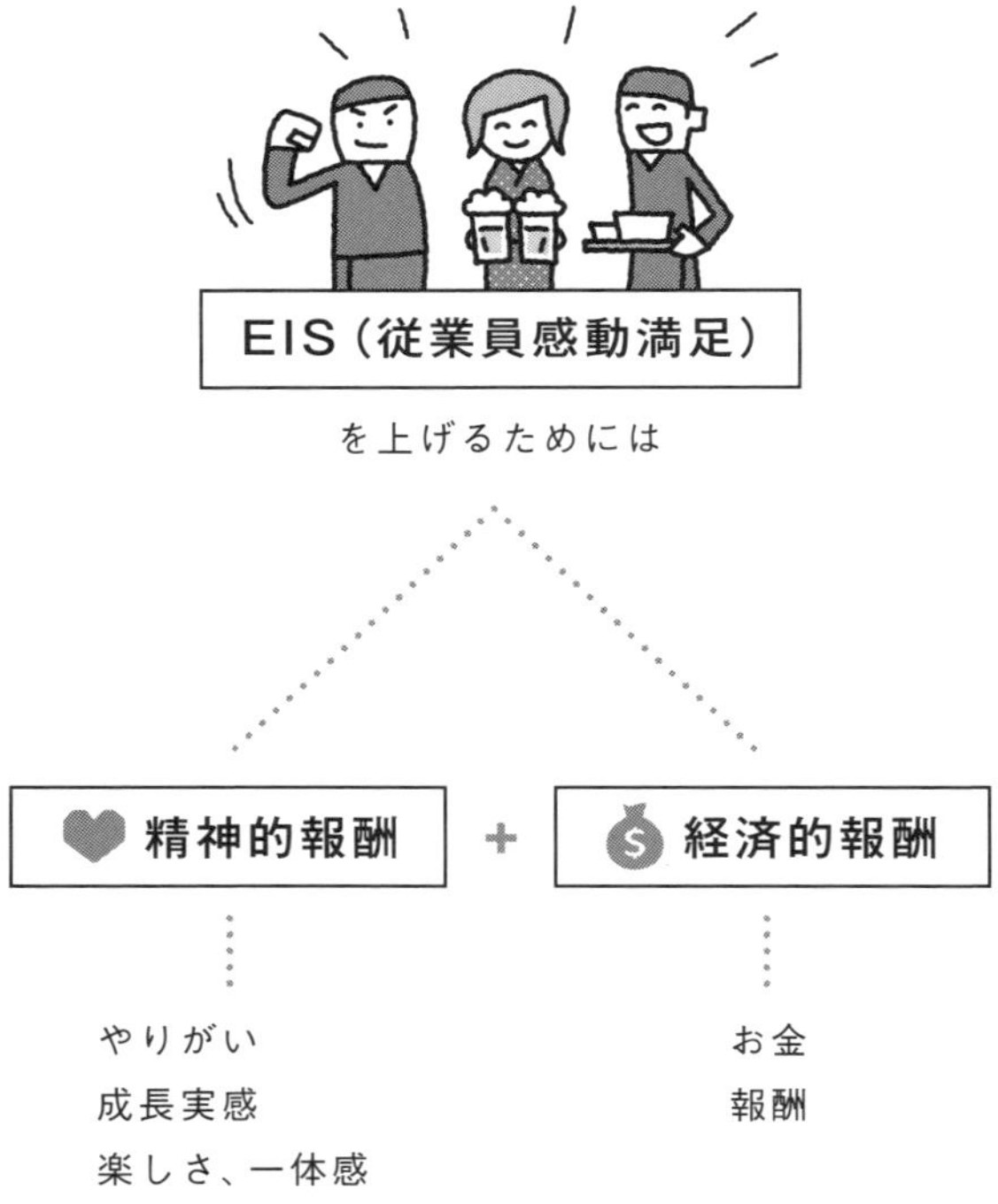
EIS（従業員感動満足）
を上げるためには
精神的報酬
+
経済的報酬
やりがい
成長実感
楽しさ、一体感
お金
報酬

単純に利益だけを考えるのなら、リピーターでも新規のお客さまでもいいのですが、お客さまの数（＝売上）を「従業員感動満足」につなげるためには、接客でお客さまに感動してもらい、再来店という成果にする、つまり、リピート率が、スタッフのやりがいになればいいわけです。

こうした思いから、新規のお客さまを取りこむよりも、目の前のお客さまを全力で感動させる「リピート戦略」を考えるようになりました。

ただし、仕事のできるアルバイトや人間力のあるアルバイトたちの個人の魅力によって常連さんを増やす、従来の個人店がやる方法ではないやり方にしたいと思いました。「塚田農場」の全アルバイトが、お客さまを感動させられる仕組みのようなものを作れないだろうか。

そう考えたのは、僕自身がかつてそうした個人店のようなやり方をしたために、痛すぎる失敗をしたからです。

マンパワー頼みには、限界がある

入社してすぐ、僕は「わが家上野店」の配属になり、その3カ月後に「わが家葛西店」の店長になりました。「はじめに」にも書いた通り、前の葛西店の店長が昇格したので、自動的に押し上げられたのだと思います。初めて店長になった僕は、早くいい店にしなければという焦りもあって、自分の意見を押し通して料理長と衝突したり、アルバイトスタッフから不満をぶつけられたり、というようなこともよくありました。けれど互いに懸命に働き、何度も話し合ううちに、考え方は違っても、店をよくしたい気持ちは同じなのだとわかり合え、だんだんにチームとしての成果を目指せるようになっていきました。すると、売上は伸び、本社から注目され始めました。

そんな頃、社員を活気づけるため、栄養ドリンクを持って1店舗1店舗回っていた米山社長が、葛西店にも来てくれました。そしてレジ近くに立ち、しばらく店の様子を眺めていた時、誰にともなくぼそりと、

「この店、いい店だなあ。これまでの中で、一番かもなあ」と口にしました。たまたま近くにいて、それを耳にした僕は、体中が何か温かいもので満たされたような気持ちに

なりました。

飲食店経験は、学生アルバイト時代だけ。他業種から第2新卒で入って数カ月、初めて店長を任され、試行錯誤の毎日でした。「いい店」の正しい形がわからず、悩みながらもとにかくやるしかなかったこれまでの日々を、よかったよと認められたように感じ、本当に嬉しかったし、小さな自信にもなりました。何かアイディアを考えついたら、失敗を怖れるより、まずやってみようという僕の行動パターンは、米山社長によってもたらされたものかもしれません。結果、葛西店は売上をどんどん伸ばし、それから1年後には、錦糸町店という繁盛店を作ることができました。

話は戻り、錦糸町店立ち上げの準備で葛西店を辞める日、スタッフは僕に内緒で常連さんを呼び集めて心のこもった「送別会」を開いてくれ、その温かさに涙がこぼれてしまいました。けれども、そんなにいい仲間たちと作った葛西店が、わずか3カ月で、崩れたのです。

僕が辞めて3カ月、売上は3分の2に落ちました。僕以外は、社員もアルバイトも、ほぼ同じ顔触れだったにもかかわらず……。

原因は、僕が、個人店のオーナーのような組織作りをやっていたからでした。スタッフはお客さまを感動させても、自分の成功体験に直接結び付けられず、僕の評価を求めるようになっていました。僕が作ってきたのは、お客さまありきじゃなく、僕ありきの店。だから、僕という評価者がいなくなったとたん、アルバイトのやる気も下がった。僕は、本社に評価され、社長に褒められ、きっと「自分ありきの店」を作る気持ちよさに、酔っていたのでしょう。その結果が、これでした。

僕を信じてこれまでのやり方を引き継いでくれた後任の店長と料理長、そして「大久保さんが抜けても店を守ります」と約束してくれたアルバイトたち。あんなにも生き生きと仕事をしていたスタッフの自信を失わせ、関係性を壊してしまった事実が、僕の心に重くのしかかってきました。その反省から、錦糸町店のアルバイトには、決して同じ辛さを味わわせたくない。スターのいる店ではなく、スターを輩出できる店の仕組みを作らなければ。そう思うようになったのです。

リピート率アップでアルバイトのやる気を上げる

その仕組みとは、まず、スタッフに決まったテーブルを持たせる「卓担当制」にしたこと。自分の卓のお客さまへのサービスは基本的に本人がやるシステムです。欧米はそれをチップ制にして、やる気につなげていますが、自分の卓、という意識を持つと、責任の所在と成果が本人に見えるようになるので、やる気が上がります。

2つ目は、後で詳しく書きますが、お客さまがリピートされた時、前回の卓担当者が誰だったかが、店長や他のスタッフにも、一目でわかるアイテムを作りました。自分の担当したお客さまがリピートしてくれる。手応えとして感じられる成功体験です。この2つで、従業員は自然と自発的にお客さまを満足させるためのサービスを考えてくれるようになりました。

3つ目は、店全体でもリピート率が上がるよう「店内販促」を始めたこと。「塚田農場」も他店のように、スタッフが外に立ち、歩いている方にお声掛けする「店外販促」をすることもあります。でもこれは、自分たちの店がヒマであると、宣伝しているようなもので、あくまで応急処置的な対策です。店外販促などしなくても、お客さまが来たくなるような店にどうしたらできるか。そこで、店外販促の代わりに、すでに店内にいらっしゃるお客さまに、「塚田農場」をより好きになってもらう店内販促という方法を考えました。

外にいる歩行者とは違い、すでに「塚田農場」を選んで来店しているのだから、外で呼び込むよりも興味を持って話を聞いてもらえます。目の前のお客さまを大切にして次の来店につなげられれば、未来の席は確実に埋めていけるようになるはずです。

例えば嵐のCDを売るなら、5万人のサッカー日本代表戦のスタジアムに行くより、1万人でも、嵐のコンサート会場に売りに行きますよね？　興味のない人を呼び込むより、すでに関心を持ってくれている人に働きかける方が、効果は大きいのです。

いかに来ていただくか、より、どうお帰りいただくか

実際、錦糸町店では、オープンからひと月ちょっとは、僕も外で呼び込みに立ちましたが、すぐにその必要はなくなりました。一度来てくださったお客さまのほとんどが、リピーターになってくれたからです。

「いかにお客さまを呼び込むか」より、お客さまに「いかに過ごし」てもらい、「いか

リピーター戦略

通常の考え方

いかにお店に来ていただくか

売上を上げ続けるためには、
できるだけ多くのお客さまを
呼び込み、たくさんお金を
使ってもらう努力を
しなければならない。

リピーター戦略

いかにお帰りいただくか

料理と接客でお客さまの
満足度を上げ、再来店に
つなげれば、接客担当の
アルバイトのやりがいと、
売上の両方が上がる。

にお帰りいただく」か、これがリピート率を上げた「店内販促」の柱であり、「塚田農場」のリピーター戦略の原点となっています。

お客さまのリピートは、お客さまが感動してくれたことの証明で、従業員の努力の成果です。そしてそれを社内共通語にしたのが、「CIS＝EIS＝売上」です。「CIS＝EIS＝売上」を店長が理解し、アルバイトにしっかり伝えられれば、理論上、売上は絶対に落ちないのです。

輝くアルバイトは、ここが違う

「いい店」を作れるのは、アルバイトだけ

「CIS（お客さま感動満足）＝EIS（従業員感動満足）＝売上」は、社員だけでなく4000人のアルバイト全員が理解できるまで、社内研修で繰り返し教えています。

理解できたスタッフは、仕事の目的と自分の目標を一致させ、お客さまを感動させることに達成感を得られるようになり、そうなれば、店長が細かく口を出さなくても、アル

バイトは自走し始めるからです。

そうした僕の意見に対し、経営者やその立場に近い方から、「CIS＝EIS＝売上」は理解できるし、必要かもしれないけど、なぜアルバイトにまで教える必要があるのかと、訊かれることがあります。

僕は、アルバイトが、仕事にやりがいを感じ、金銭的にも満たされるためには、「いい店」が必要で、その「いい店」を作れるかどうかは、アルバイトにかかっていることをわかってもらうためです、と答えています。

アルバイトに満足してもらうには、「精神的報酬」と「経済的報酬」の両方を満たす必要があり、それには「売上」が必要だという話は前述しましたが、その「売上」は、アルバイトのパフォーマンスがもたらします。そのアルバイト一人ひとりのパフォーマンスが積み重なって、「いい店」という評判を作り、お客さまに再来店してもらえる。「いい店」は、アルバイト自身が作るものだということを、自覚してもらいたいのです。

最初に戻ると、やりがいを感じ、金銭的に満たされる仕事ができるかどうかは、アルバイト自身の行動で決まるということになります。それを自覚してもらうために、すべてのアルバイトに、「CIS＝EIS＝売上」を、繰り返し伝えるのです。

アルバイトの採用基準

2007年に錦糸町店を立ち上げる時、社員は僕と料理長の2人だけだったので、店の運営がうまくいくかどうかは、採用するアルバイトにかかっていました。当時はまだ、「CIS＝EIS＝売上」という伝え方ではありませんでしたが、僕は「いい店」を作りたい、そして僕の言う「いい店」とは、お客さまと従業員の両方が満たされる店で、それに共感してくれるアルバイトに来てもらいたいと、面接を重ねました。

僕の面接は雑談スタイルですが、何に興味を持っているか、どんな人間関係を築いてきたか、どんなことに共感するのかは、注意深く見ます。今も当時も、ファッション規定があるかどうかは、応募者がアルバイトを選ぶ上で重要なポイントのようで、ネイルやピアスの規定を気にする子もいれば、「茶髪でもいいですか」と訊いてくる子もいましたが、僕は「飲食店の従業員としてふさわしい格好かどうかは、自分で判断してくれ」と答えていました。

共感

接客の基本は、お客さまの感情にどれだけ敏感でいられるかですから、髪型やピアスがそれほど重要だとは思いません。ただ、面接の場で僕が、日本で一番いい居酒屋を作りたい、それを一緒に目指せる人間と働きたいと話している時に、一番聞きたい質問が、髪型やピアスについてであれば、温度差を感じないわけにはいきません。僕は、お客さまを感動させられるチームを作りたかったのです。だから、その思いが響く相手を採用するつもりでした。

面接は見る側と受ける側の価値観のすり合わせの場で、どんな面接にも通用するような正解はないと思っていますし、僕の主催する「ツカラボ」でも、そう話しています。それでも中には、自分を偽り、企業の求める像になってでも内定が欲しいと言う人もいますが、会社に入社して何年も働き続けることを考えると、価値観の合う企業や仕事を選ぶのは、すごく重要なことです。共感できない会社での仕事に、幸せや働きがいは感じにくいし、一緒に働く仲間にも共感しづらいでしょう。だからこそ面接があるのだし、受ける側からも、面接官の人柄や質問の内容から採用側の価値観を見極めてほしいと思います。

店長になったら「伝える力」を磨こう

葛西店では、スタッフと一つのチームを作るまでには、様々なトラブルを経験しました。今思えば、独りよがりだったと反省することも多いのですが、当時は、僕はいい店になるよう、一生懸命努力しているのに、アルバイトたちは自分の都合ばかり言う、いったいどうすれば満足するんだ、とくすぶる思いを抱え、彼らを前に、「間違っていたところは謝るから、どんな店だったら、君たちは満足して働けるのか、君らの理想の店を教えてくれ」と頭を下げ、訊いたことがありました。けれど、彼らは顔を見合わせるだけで、何も言わない。その様子を見て、「理想がないのに不満を言うな」、と短気な僕は、さらにイライラを募らせたわけですが、でも、よくよく考えてみれば、理想の店を語るのは、アルバイトとして雇われている彼らではなく店長である僕の仕事です。僕には理想はありましたが、その理想をスタッフに伝える努力をしていませんでした。ゴールが見えないままに、ただやれと言われたのでは、彼らが不満に感じるのも当たり前のことです。ビジョンを伝え、みんなに共感してもらうのは、店長の仕事なのです。

店長の考えをスタッフに理解してもらい、価値観や目標を共有することで、スタッフ全員の目指すべきゴールが決まる。反対に、ゴールがきちんと示されていないと、スタッフは個々の価値観でモノを言いますから、意見が割れやすく、またそうした時に、店長のジャッジがぶれれば、せっかく積み上げたチームワークも崩れかねません。

だから店のスタッフとどんなに仲良くなって互いにわかり合えたと思っても、「CIS＝EIS＝売上」や、「いい店にするためには何が必要か」は、繰り返し伝え続けました。

錦糸町店の立ち上げ当時は、僕も24歳で、学生アルバイトの彼らと年も近く、話す技術はつたなかったけれど、店長としての考えや方針をつねに伝え続け、彼らもそれに共感してくれたおかげで、仲間とは一体感を持ちながら働ける環境ができました。

未熟な僕が出す様々な提案を、いつも全力でやりきってくれた当時の錦糸町店スタッフ全員に、今も心から感謝しています。

「汚い店が好き」の「汚い」は、本当に汚いのか

1ミリのズレで、印象が変わる

みなさんに、質問です。飲食店の評価は、商品力とサービス力だと書きましたが、それ以前に、店に入る前に一瞬にして評価を下げることがあります。なんだと思いますか。

飲食店の商品である飲食の評価より大事なこと、それは清潔さです。

時々、「汚い店でも平気」とか「多少汚い方が落ち着く」と言う方もいますが、そこで言う「汚い」とは、「不潔」ではなく、「古い」「雑多」「お洒落ではない」などを指し、決して嫌われ者の黒光りするあの虫が走り回るような「汚い」ではないと思います。

それに、「汚くてもいい」と言う方も、「汚くても、おいしい方がいい」または「汚い分、安いならいい」と言いたいのであって、「汚い」からその店を選ぶわけではありません。

何が言いたいかと言うと、お客さまに来ていただきたいのなら、店はきれいにしておかなければならないということです。

子どもでもわかることをあえて書いたのは、飲食店を経営している知人から、「わかっているのに、できていないことを、アルバイトに何度も注意するのは、気が滅入る」という話を聞いたからです。そして、お前はどう教えているのかと。

店を片付けろ、とか、きれいにしろ、とか、わかっていることを注意されることほど、やる気を落とすことはありませんが、かといって、言わないと緩むし、気づくのを待っていれば店は荒《すさ》むし、自分がやってみせるのにも限度はあります。どうしたら「掃除」や「片付け」を自発的に徹底するようになるか、僕にも悩ましいところでした。うるさく注意せずに、自らやらないといけない気持ちになってもらうには……。

そんなことを考えている頃、石岡瑛子さんという、ハリウッド映画や劇場ミュージカル、オリンピックの衣装のデザインをし、オスカー賞も受賞された国際的デザイナーの番組をテレビで見ました。石岡さんは、衣装の仮縫いの際、試着のモデルと自分以外には誰も気づかない、1ミリの縫製修正を入れると言って、コスト管理者と争い、こう言いました。

「わずか1ミリの違いが、全体の印象を決定的に変える――」

小さなほころびが全体の印象を変えてしまうのは、舞台衣装に限らず、飲食店も全く同じです。この言葉に深く共鳴した僕は、石岡瑛子さんの話とともに、店をきちんと維持することの大切さを伝えることにしました。

例えば、カスター台（調味料トレー）がテーブルの端にきちんと寄せて置かれ、椅子が整然と並んだ店と、ばらついた椅子に適当に置かれたカスター台、段ボール箱が雑然と置かれた店とでは、どちらが気持ちいいか、聞くまでもないことです。

きれいに清掃されたトイレ、整然と並んだハンガーや座布団、片付いたレジ周り、どれにも言えます。この、きちんと整理整頓された店内が、飲食店の基本であり、理想形です。このくらいいいやという、一人の気の緩みが、店全体の評価を下げることになります。

1ミリが世界を変える

そもそも日本人は、書道、剣道、華道、茶道など「道」を究めてきた文化を持ち、あるべき理想の形ややり方を「型」と呼び、大事にしてきました。だから、来店されるお客さまも、中で働く自分たちも気持ちよくいるために、店のあるべき形を「型」と名付け、石岡瑛子さんのプロフェッショナルな仕事ぶりとともに、その大切さを伝える研修を始めました。すると、雑然とした店舗は徐々になくなり、時々乱れた状態を見かけても、「型、守れよ」の一言でみんな、はっとしてすぐに手を動かしてくれるようになったのです。

店をきれいにきちんとし、「型」を守ることの大切さは、清潔さだけでなく、もう一つ、大事な側面もあります。それは、事故の防止です。普段から「型」が守られている場所で、異質なものが混じれば、誰もがすぐに気づき、原因をつきとめようとするでしょうが、「型」のない空間では、それに気づけません。

飲食店で「型」を守るのは、気持ちのいい空間を作るためであり、同時に、事故を未然に防ぐためでもあるわけです。

「形無し」と「型破り」の違い

「型」は、掃除や縫製、店舗や舞台に限らず、経営や思考にもつながるものです。例えば、エー・ピーカンパニーでは、お客さまに喜んでもらい、従業員と、取引先である生産者や取次店がともに成長できるよう、オールウィンの経営を目指していますが、これはごくごく真っ当な、「型通り」の経営です。けれども、食品業界では当たり前とされていた、生産、加工、流通、販売をそれぞれの専門業者が請け負う従来のやり方では、オールウィンの経営は難しいと気づくや否や、生産から販売までのすべてを一気貫通させてしまった米山社長。固定観念や業界の古いルールにとらわれていては決してできなかった「非」常識の、つまり「型破り」な行動が、エー・ピーカンパニーの生産者との直接取引を可能にしました。これは、飲食業界以外にも多くの職種を経験し、何度も起業し、働き方の「型」を徹底的に学んできた米山社長だからこそできた、「型破り」なのだと思います。

真っ当な感覚を身につける前に、非常識な行動をとれば、それは単なる「型無し」。常人には理解し難い天才画家のパブロ・ピカソが、あまりに有名なコラージュ技法を生みだせたのも、精緻なデッサンが描ける基礎能力があったからだと思います。自分なりの理想の接客を目指すのも、型破りでユニークなサービスを編み出すのも、まずは「型」から入るべきというのが、僕の考えです。

コミュニケーション力は、「聴く力」で決まる

こんな人間がクレームをもらう

みなさんに質問です。コミュニケーション能力を上げたいと思ったら、まず何から始めますか？

多くの人は「話す能力」を上げようとするので、「話す力」「伝える力」「伝達力」「プレゼンテーション」などの本が売れるそうです。

でも、接客や就活の面接、友人との関係性なら、「話すスキル」よりもっと大事なことがあります。

大学生の就職活動での面接でも、「コミュニケーション力を非常に重要視する」と答

える企業が全体の8割以上ありながら、面接官の本音は、「いい子は、浮き上がって見える」「輝いて見える」なのだそう。実は、第一印象で決めているのです。ということは、必要なのは、浮き上がって見える印象のよさ、にじみ出る人格なのではないでしょうか。

面接に限らず、誰にとっても人に与える印象は、悪いよりはよい方がいいものですが、印象をよくする要素は2つあります。

それは、「挨拶」と「聴く力」です。

挨拶なんて、その気になれば誰にでもできるだろうと、思われるでしょうが、実際、小学校で「元気に挨拶」を教えられたばかりの小学生以上に、はきはきと自分から挨拶できている大人が、何人いるでしょう。

店舗でも全く一緒で、入ったばかりの新人アルバイトや新卒社員は、挨拶から一生懸命やります。挨拶を怠るようになるのは、仕事に慣れて、余裕や時には飽きも出てきた頃です。そしてまた、お客さまからのクレームの原因も、必ずと言っていいほど、ベテランが起こしています。クレームは、実は、仕事を覚えたての初心者に来るものではないのです。

「永遠の初心者であれ」

これは、高層ビルの窓清掃の仕事をしている方の言葉です。彼が言うには、ビルの高層階での仕事は、一瞬の気の緩みで命を落とす危険がある。準備と安全確認の重要性はわかっているつもりなのに、ベテランになるほど、油断が生まれる。一方で、初心者は決して事故を起こさない。油断も過信もないからだそうです。

ベテランになると出てくる油断と過信は、窓ふき、店舗業務だけでなく、どんな仕事にも言えることではないでしょうか。けれど店舗業務の場合、そうした油断や過信を改める効果的な方法があり、それが前述の「挨拶」と、お客さまの言葉を真剣に「聴く」ことなのです。接客のプロにはなりきれないまま新人の緊張感を失ってしまった、中途半端なベテランには、再度確認してもらいたいと思います。

「聴く力」の磨き方

ではは「聴く力」はどうしたら学べるでしょうか。

これは言葉から学ぶより、体感してもらうのが一番です。

僕のやり方は、まず、ペアになって、片方に将来の夢を語ってもらいますが、その際聴き手側に、「悪魔の聴き方」で聞くよう注文を出します。「悪魔の聴き方」とは、話し手が、不快な気持ちになる、まるで気の入っていない聴き方のこと。これまで何十回とやってきましたが、盛り上がるペアは1組もありません。どんなに話し手がうまくても、聴き手に聴く気がなければ会話は盛り上がりません。

不愉快な空気が漂い出したところで、次に話し手と聴き手の立場を変え、今度は「天使の聴き方」、話し終わった時に、聴き手を思わず抱きしめたくなるような、熱心な聴き方で聴くように言います。すると一転、半数以上のペアで話が弾みます。

話し手のスキルに大きな差はありませんから、会話が盛り上がるかどうかは、聴き手の態度で決まるのを、みんなが体感できるわけです。このプロセスによって、コミュニケーション力は、聴き方一つで上げられると、みんな理解してくれるようになりま

聴く力

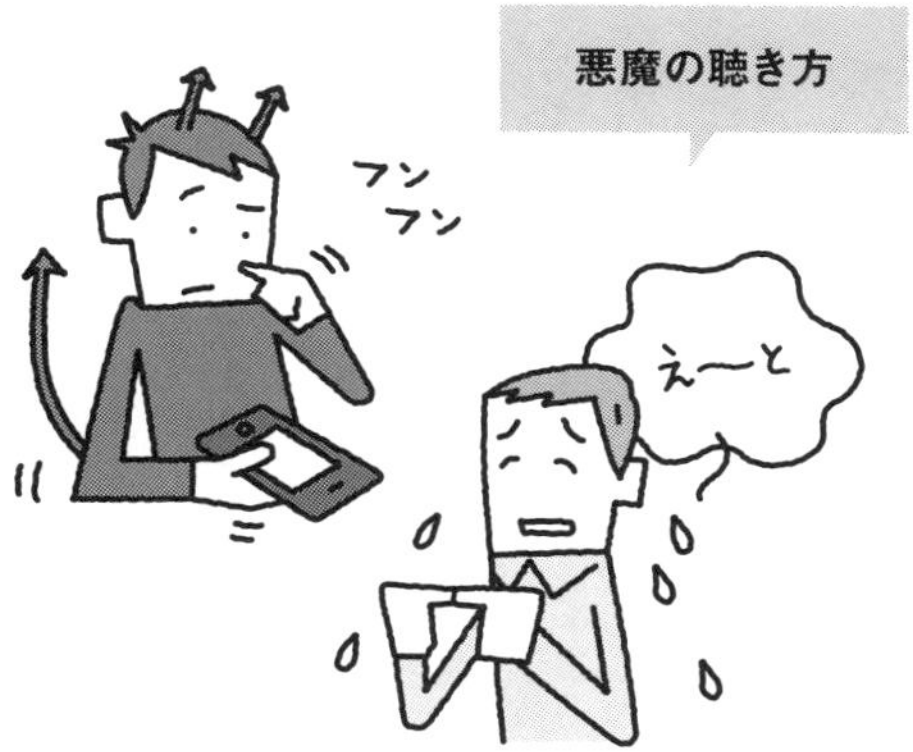
悪魔の聴き方
フン
フン
えーと

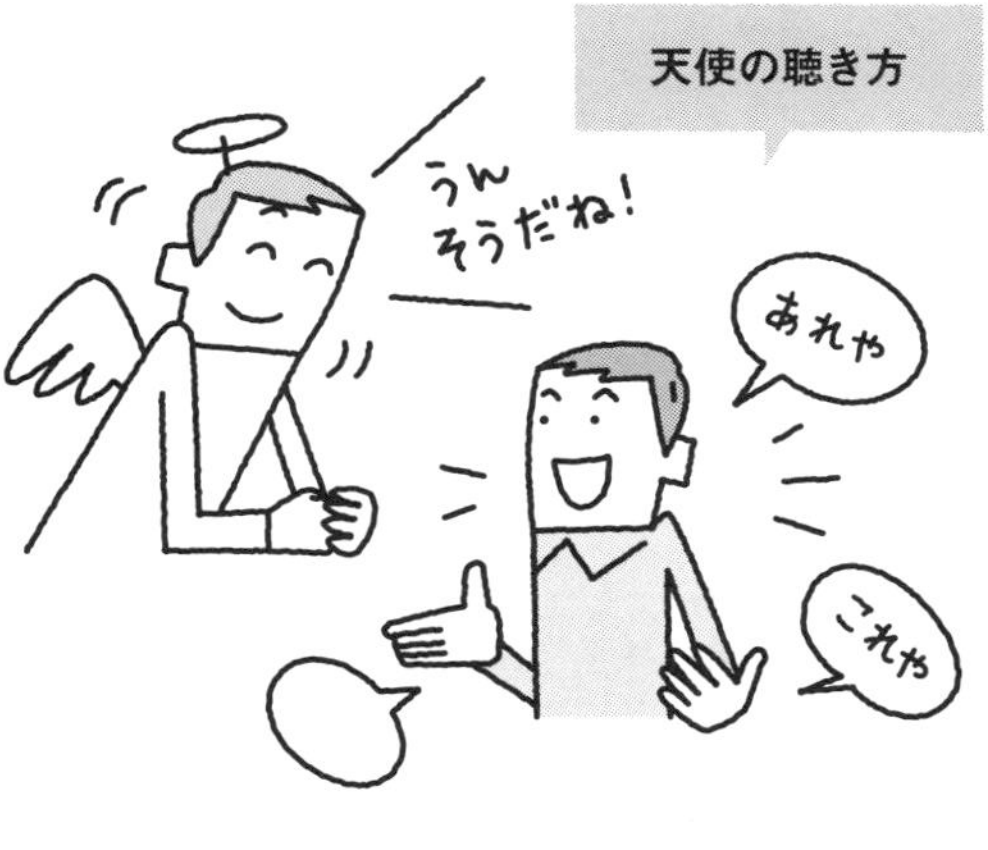
天使の聴き方
うん
そうだね!
あれや
これや

す。

面白いのは、この話の直後から、僕の話を聴く学生たちの態度ががらりと変わることです。それまで、椅子の背にもたれたり、視線が泳いでいた子たちが、前傾姿勢で、熱心な態度で聴き始める。話す立場としては気分がいいし、場の空気が整って、研修もやりやすくなる。教える立場の方には、ぜひ試していただきたいと思います。

恩返しから始めたアルバイト研修

会社都合の研修がダメな理由

アルバイトが店や店長に共感できているかどうかは、一緒に働いているとわかります。共感している子は、自分の都合だけでなく店長や店のことを考えて行動するようになるからです。

店長からすれば、本当にありがたい存在ですが、そうした職場や仲間への共感力をつけることは、実はアルバイトにとっても、メリットになります。アルバイトの多くは学生で、数年後には、社会人になるわけで、「仕事や会社への共感力」は、社会に出た時に必ず求められるものだからです。

「共感力」のように、アルバイトをするにも有効で、社会に出てからも役立つ教育とはなんだろう、それを真剣に考え始めたのも、錦糸町店の頃でした。

どこよりもいい店を作りたくて、多くの応募者の中から、僕や会社の考えに共感できるアルバイトを採用しましたが、共感力の高いスタッフとの仕事は楽しく、いつの間にか僕も彼らに深く感情移入していました。

彼らと出会うまで、僕が目指していたのは、「お客さまが感動して、また来たくなる店」でした。けれど、自分で採用し、オープン準備をしながら新人のアルバイトたちを教えているうちに、アルバイトに対して何か責任のようなものを感じるようになっていました。そして前日のミーティングではわき上がる思いのままに、「みんなを絶対に幸せにするから、一緒に日本一の店を作ろう」と全員の前で宣言、しかも恥ずかしいことに涙まで流していました。

チェーン店とはいえ、1軒の店をゼロから立ち上げるまでには迷いがあったり、苦渋の決断をしたり、予想外の出来事に心を乱されることもあります。そんな時間をともに過ごすうちに、店長と店員の関係を超えた、家族のような絆が育っていたのかもしれません。そしてその頃には、「お客さまと従業員、どちらにも愛される店」を目指すようになっていました。

僕を信じ、いい店を作ろうと心を合わせてくれたアルバイトたち。さらに「居酒屋で働く」という彼らの考えを否定せず、支えてくれたアルバイトのご家族。「お客さまと従業員、どちらも幸せにできる店」に近づくほど、お客さまと従業員以外の、間接的に店を支えてくれる周囲の方々にもありがたさを感じるようになり、そういう方々にもなんとか報いたいと思うようになっていきました。

「塚田農場」を通して、彼らに報いる方法を本気で考えた時、出てきた答えが、「アルバイトの成長」でした。

僕は今、アルバイト、社員研修を合わせると、年間100本くらいの研修を実施しています。社外からも声をかけてもらうことも多く、大学の講師として、また飲食店経営者に向けたセミナーや他業界の幹部社員教育、官公庁主催の講義なども年30本ほどやっていますが、最も緊張するのは、やり慣れているはずのアルバイト研修です。

若いアルバイトたちの成長への意欲は、仕事の一環として研修を受ける大人（すごくモチベーションの高い社会人の方ももちろんいらっしゃいますが）のそれとは、全く異なります。こんなことを書くと、もう企業からは呼んでもらえなくなるかもしれませんが、数年以内に社会に出て、自分らしい仕事、社会の役に立つ仕事につきたいと願う彼らの真剣さは、社会経験のある大人とはやはり違うのです。知識のない分、研修で聴く話を、真正面から真剣に受け取るので、こちらも手を抜くことができません。社会人研修ももちろん手を抜いているわけではありませんが、すでに社会を知る大人と、社会に夢を持ち、仕事への希望に溢れる学生とではやはり異なり、何が役立つのかを考えると、テーマや内容を選ぶのは、とても難しいのです。そして、その伝え方も。

というのは、いくら彼らにとって役に立つ、ためになる話だと僕が思っても、彼ら自身が聴きたいと思うものにしなければ、退屈な授業と同様、意味がありません。面白い話もそうでない話も、まじめな顔で聞いていられる大人とは違い、アルバイトたちはすぐ「反応」します。研修をする側から言えば、恐ろしくもあるし、毎回が自分の勉強です。

話す内容だけでなく、どう伝えるかも考える。それも、リーダーの仕事の一つだと思っています。

第2章 お客さまはどうすれば、リピートしてくれるのか

満足しても、リピートはしない

リピートするには、決定的な要因がある

店長の仕事とは何か、店長、社員、アルバイトはそれぞれ何を成果とするか。

社内で評価基準を決める時、さんざん話し合ったテーマです。店舗をまとめる営業部の部長と人材開発チームと1年以上かけて意見を出し合い、２０１４年度下半期より、評価基準を定めました。

内容については、会社の理念や目標を軸にしながら、業態規模、時期、功績などを考慮したものですが、まだまだ未完成です。それでも、「評価基準」を公開し、全社員で共有できるものが必要でした。社員が増え、スタッフから副店長、店長にどうしたらなれるのか、目に見える公平な基準なしでは納得してもらうのが難しくなってきたからです。

ただ、評価基準よりも重要な目的は変わらずあって、それは、「お客さまに感動して

評価基準（ヘキサゴン制度）

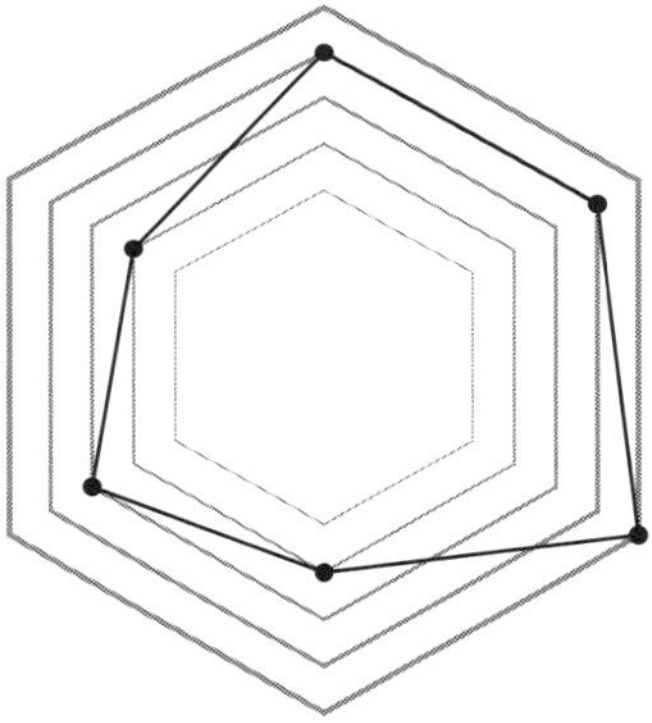

①ミッション共感度・戦略感情移入度

「食のあるべき姿の追求（企業理念）」に共感しているか。
リピート戦略に感情移入し、自分ごととして取り組めているか。

②至誠

挨拶はできているか。素直に耳を傾ける姿勢を持てているか。
他責にせず、自分ごととしてとらえられるか。

③CIS=EIS

お客さま感動満足を従業員感動満足に
結びつけた考え方と行動ができているか。

④リーダーシップ

仲間を輝かせる環境が作れているか。
アルバイト教育、後輩の指導ができているか。

⑤オペレーション

店舗での料理、ドリンク、接客、フロント、整理整頓、
掃除などの技能レベル。

⑥イノベーション

新しいことに取り組めているか。現状に満足していないか。

もらうこと」です。お客さまに感動してもらうための直接的な行動は、アルバイトの仕事ですが、そのアルバイトを支え、環境を整えるのは、社員や店長の仕事。ですから、エー・ピーカンパニーのすべての従業員にとってお客さまに感動してもらうことが最も重要な目的だと言えるでしょう。

なぜこんなにもお客さまの感動を目指すかと言えば、お客さまに再び来店してもらいたいからです。というのも、お客さまは感動しないと、再来店しない、感動がなければリピーターになってくれないのです。

96ページは、お客さまの満足度とリピート率の相関関係です。これを見ると、「満足」されたお客さまと、「不満」や「被害者意識」を持つお客さまの再来店の比率は、ほとんど変わりません。7割のお客さまは「満足」しても、再来店していないのです。

その理由は、「満足」の定義づけにあると、僕は思っています。お客さま満足度は一般に、次のような5段階に分けられます。

①期待よりずっとよかった＝感動
②期待を上回った　　　　＝喜び
③期待通り　　　　　　　＝満足
④期待ほどよくなかった　＝不満
⑤期待よりずっと悪かった＝被害者意識

見ての通り、「期待通り」を「満足」としていますが、「期待通り」とは、「おいしいという評判の店に行ってみたら、評判通りおいしかった」ということ。期待を裏切らなければ、不満にはなりませんが、お客さまの気持ちとしては、「満足」より「納得」ではないかと思います。けれど、もし、その店がおいしさに加えて、接客が素晴らしく、雰囲気がすごくよければ、また行こうとなるかもしれません。それが、期待を上回る「喜び」や「感動」です。

だから、お客さまにリピートしてもらいたいと思えば、期待通りの「満足」や「納得」ではなく、期待以上の「感動」を目指さなければならないのです。

満足度とリピート率の関係

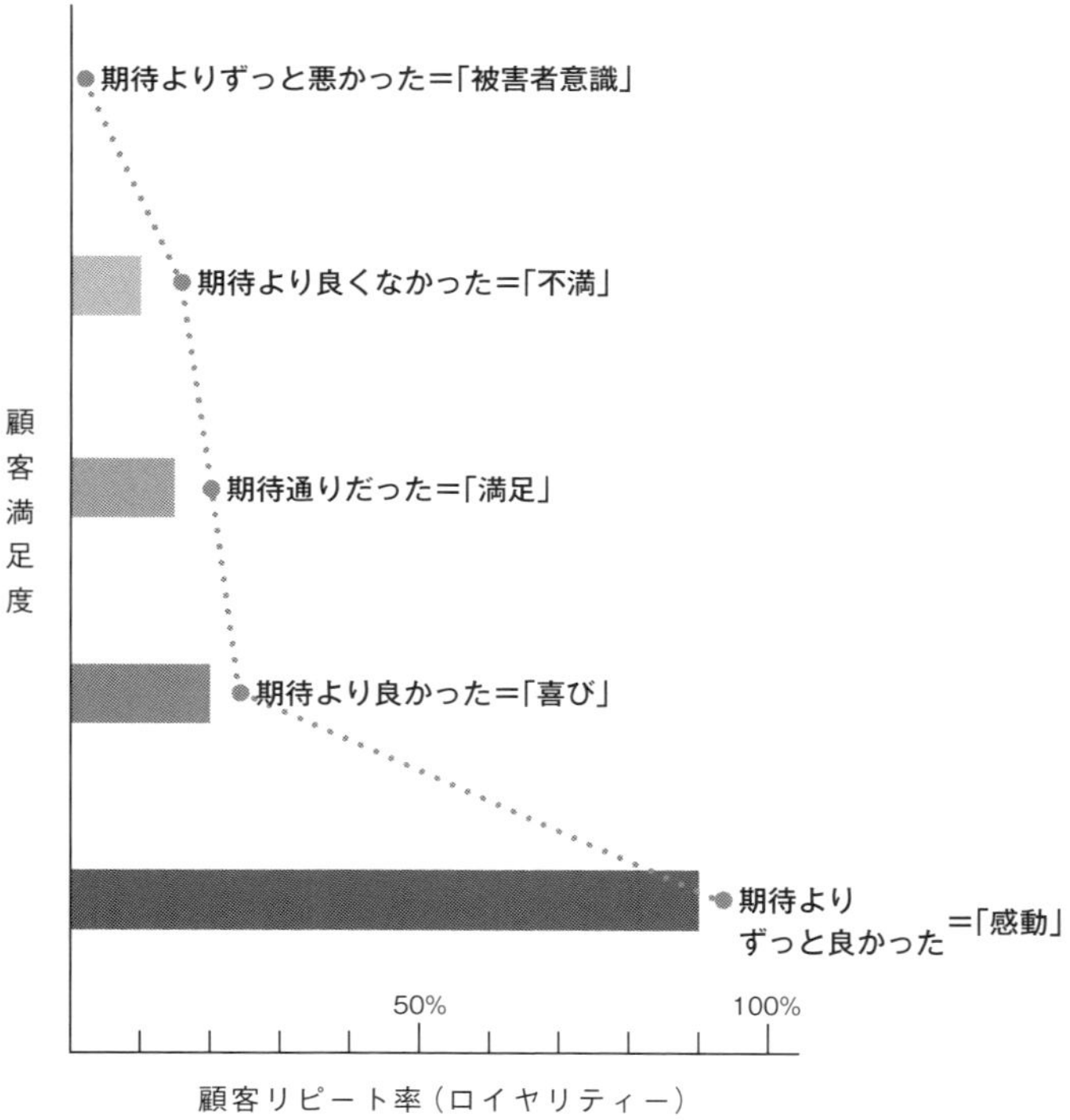

参考資料：「THE SERVICE PROFIT CHAIN」
James L Heskett / W.Earl Sasser,JR / Leonard A. Schlesinger

安くておいしくても、人気店にはなれない

景気の悪い時代が続いたせいで、飲食業界はここ20年ほどで大きく様変わりしました。景気がよい時は、真っ当に、おいしい料理とサービスを提供していれば、お客さまは来てくれたと言いますが、僕はその時代を知りません。今は、お客さまが集まるお店は、どこもおいしいだけでなく、値段も抑え、サービスもよくしてと、二重、三重の努力をしている時代です。

それでも低価格傾向はさらに進み、経費をこれ以上抑えられない、でも価格は上げられない、そんな苦しい状態の飲食店をたくさん見てきました。今は、かつての適正価格では、お客さまには納得してもらえなくなってきているのです。

例えば、僕は牛丼の値段は並盛400円くらいが適正だと感じますが、若いアルバイトたちに質問すると400円だと高く感じるそうです。不景気低価格時代しか知らない彼らにとって、牛丼は280円で食べられるものだったからです。持ち帰りコーヒーにしても同様に、大手コンビニやファストフード店によって、100円でどこでもおい

牛丼の原価

牛肉	80g	≒	80円
玉ねぎ	10〜20g	≒	5.4円
タレ	30g	≒	30円
ご飯	250g	≒	40円
お茶、紅ショウガ etc.		≒	20円
			175.4円

400円だと 原価 44% ＜ これでも安い！

280円だと 原価 63% ＜ これでは やっていけない！

しいコーヒーが飲めるようになりました。さらに、ブランド食材や名前のあるシェフの料理などの付加価値をつける店も現れ、「塚田農場」も、おいしくて価値のある食材を、リーズナブルに提供する以上のことを考えなければならなくなりました。

とはいえ、安売り合戦に参入して、生産者にプレッシャーをかけたり、アルバイトの人数を削ったり、時給を落とすわけにはいきません。エー・ピーカンパニーの「食のあるべき姿を追求する」理念に合わないし、ＥＩＳ（＝従業員感動満足）も下がり、そうなれば店舗のクオリティも落ちてしまいます。低価格以外の方法で、お客さまにリピートしてもらわないと……。

それを考え、模索した結果が、前述の「満足」を超える「感動」のサービスを目指すことでした。

では、みなさんに質問です。感動とはなんでしょう。

感動とは「感情に響く出来事で、心を動かされること」とありますが、３つのパターンに分けられるようです。

①びっくりするような出来事で感激させる
②一流ホテルマンのようなサービスで度肝を抜く
③喜びを積み重ねて、期待を超える感動を生む

①は驚きを伴い、与える感動は確かに大きいけれど、嬉しい不意打ちは何度もできることではありません。1日にご来店されたすべてのお客さまが誕生日なはずがないし、一度体験すると、2回目は期待値が上がって、前と同じやり方で感動をさせることが難しくなります。

②は超一流店のおもてなしや料理のことで、ある有名レストランでは、2階のエレベーターのドアが閉まるまで深々とおじぎをしてくれたマネジャーが、1階のエレベーターが開いた時にはそこで待っていてくれて感激した、なんて話も聞いたことがありますが、めったに受けられないスペシャル感や、行きとどいた完璧なサービスを指していま す。「塚田農場」も、長期的にはおもてなしのクオリティやレベルをもっともっと上げ

ていきたいけれど、第1章で書いたように、接客をする学生アルバイトが「成功体験」を積み、やりがいを感じられるようにするのが、今のやり方なので、最初から高すぎる目標を設定しては逆効果にもなりかねません。

そこで僕は③の、「喜びを積み重ねて、期待を超える感動を生む」を目指すことにしました。

喜びを感動に高める秘策

③のカギは、「喜び」を「積み重ねる」ところにあります。「喜び」は期待をほんの少しでも上回ることで与えられるものです。焼き肉屋さんが会計の時にくれるガムや、美容院で最後に出される飲み物は、今となっては当たり前のことですが、これを最初にやり始めた時は喜ばれるサービスだったのだと思います。けれど、今ではお客さまはもらって当たり前、なければ不満さえ感じるようになりました。これでは、もう「喜び」とは言えません。

でも、視点を変えれば、「美容院でお茶を出す」だけでも、まだまだお客さまを喜ばせることができます。例えば、行きつけの美容院で、普段コーヒーしか出されなかったのに、自分にだけジャスミンティーが出されたらどう感じるでしょうか。しかも、「ジャスミンティーが好き」と言った、いつかの自分の話を店のスタッフが覚えていてくれたからだとしたら。自分のためだけに何かを考えてくれる、それが「サービス」の基本だと思います。

つまり「小さなサービス」とは、「その人のためだけ」と感じてもらえる、ささやかな心遣いなのです。

そして、もう一つのカギが「積み重ねること」。1回ではリピートの動機にならなかった「喜び」も、足していけば、大きな感動が生まれます。これは、マイナスの感情にも言えることで、小さな不満もたまると被害者意識を生み、大きなクレームにつながってしまうということです。

例えば、初めて行った飲食店で、入り口で待っていても気づいてもらえなかった、メニューを持ってくるのが遅い、呼ぶまでオーダーを取りに来ない、注文したドリンクが

感動とは？

① サプライズ
わーっ
② スペシャルなサービス
おさがしもの見つかりました
なんと！
TELの対応
呼ばなくても来た
清潔な店内
おいしい料理
いいお店
おまけをくれた
質問の応えがていねい
③ 小さなサービスの積み重ね

遅い、料理がメニューの写真と違うという風に、イライラさせられることがいくつもあったとします。一つ一つは「小さな不満」でも、積み重なれば、被害者意識を生みだしてしまう。それが「積み重ね」の意味です。僕たちはこれを、プラスの感情に置き換えました。

例えば、スタッフを呼ぼうと思ったら、すでにスタッフが近くで待っていてくれた、上着を脱いだら、自分でかける前にやってくれた、箸を落としたら、拾う前に新しい箸を持ってきてくれた、トイレに立ったら、場所を訊ねる前に案内してくれたなど。どれも、お客さまをよく観察していればできることなので、錦糸町店では「お客さまを観察する」を「当たり前」の空気にしました。徐々にリピートしてくれるお客さまが増え始めたら、今度は「一度来店されたお客さまの顔と名前を覚える」ことを「当たり前」にします。すると、さらにリピートしてくれるお客さまの数は増えました。

この「当たり前」とは、店内にのみ通じる常識のことで、自発的に何か始めたスタッフをしばらくそのまま好きなようにやらせておき、他のスタッフが「それをすると、接客しやすくなる」と感じる頃に、さりげなく朝礼などで触れ、ゆっくりと店に取り入れるやり方です。反対に、会社理念や「CIS＝EIS」に合わないことを誰かが始めた時は、ただちに注意してやめさせます。どちらも、アルバイトがお客さまをよく観察するように、店長がアルバイトを観察すれば、すぐに気づけると思います。

そうした努力が成果に結び付くと、アルバイトたちはどんなサービスならお客さまに感動してもらえるか、何をすればお客さまとの距離を縮められるか、を自発的に考えるようになっていきます。朝礼前などのひと時、アルバイトが集まって「ジャブ」の相談をしている姿を見ながら、これこそ「塚田農場」の歩むべき道だと確信しました。

アルバイトのやる気がお客さまの感動を生む

「ジャブ」が生んだ大繁盛店

外でのお客さまの呼び込みや、割引券配布の代わりに、店内のお客さまに「喜び」を積み重ねて「感動させる」取り組みを始めたところ、錦糸町店の空席は、どんどん埋まり始めました。売上も、社長と決めた予算目標を、開店3カ月目には大きく上回り、本社の社員や他店の店長が見に来たり、東東京エリア1の繁盛店などと言われるようにもなりました。

そして、この「喜びの積み重ねで、お客さまに感動してもらう」取り組みを、「塚田農場」全体に広げようということになり、当時コンサルタントとして経営に関わっていた、現執行役員の井上貴之《たかし》氏が錦糸町店に来ました。そこで2人で話し合って生まれたのが、リピーター戦略の第一弾、「ジャブ100連発」です。

僕が、店内販促の目的は「小さな喜びを積み重ねて、感動まで高める」ことだと説明すると、井上氏が「じわじわ効くなんて、ジャブみたいですね」と言ったことから、「ジャブ」とネーミングしました。

10代の後半、プロボクサーを目指していた僕には、「ジャブ」という言葉がしっくり来たのと、「ジャブ」から「ボディ」、そして「ストレート」の三段階方式で、お客さまに感動してもらう仕組みが作れると思ったからです。

●目的　お客さまの期待を超えた、感動を与える
●方法　お客さまを知り、喜んでもらえるサービスを積み重ねて、感動させる
●ジャブ　お客さまとの距離を測る
●ボディ　お客さまとの距離を縮める
●ストレート　お客さまの感動を生む

まずはお客さまを観察し、「ジャブ」のサービスへの反応からお客さまの来店動機を探る。次に、「ボディ」のサービスでお客さまと仲良くなり、喜んでもらえることを考える。そして最後の「ストレート」で、お客さま一人ひとりに合わせた「オンリーワン」サービスを出して感動させるという仕組みです。

社内共通用語はなぜ必要か

こうした取り組みを始める時、ネーミングはとても重要です。例えば第1章で紹介し

た、掃除や整理整頓の徹底を、「型」と一言で表したように、社内にだけ通じる、遊び心を加えた共通用語を作ることで、仲間と楽しくできそうな気持ちになってもらうことが必要だと思うからです。

「トイレの掃除が雑」とか「キッチンがごちゃごちゃ汚い」と言われるより、「型守れ」の一言の方がぴりっと効くし、「お客さまに感動を与えよう」より、「ジャブ行った?」の方が楽しくできそうだと思いませんか?

もちろん「なにそれ?」とならないよう、研修でそのあたりの説明はしっかりしていますが、社員やアルバイトに好かれているSV(スーパーバイザー)、部長、統括料理長同士の楽しそうな会話の中に、こうした「ジャブ」だの「型」だのという言葉が出てくると、他の社員やアルバイトも興味を持ち、波及効果がより高くなります。

実際、お客さまを感動させる「店内販促」を、「ジャブ」と言い換えることで、アルバイトが自発的に行動してくれるようになりました。

いよいよ「ジャブ」を「塚田農場」全店で始めることになった時のことです。一つ問題がありました。「ジャブ」は僕が考え、その結果を社長や本社の役員が認めてくれた

店長からのトップダウンは

↓

浸透は早く、形も整うが
ジャブが作業になって、
アルバイトは仕事が増えたと感じる。

自発的に取り組めるので、
やりがいも感じられるが、
ミッションに合わない
ジャブも出てきてしまう。

↑

アルバイトからのボトムアップは

だから、鉄板ジャブ審査委員会を作り、
評価しながらブレのないようチェック

①ＣＩＳ＝お客さまの喜びに確実につながっているか

②ＥＩＳ＝スタッフがそのジャブを打って楽しいか

③オペレーション＝手間と満足度が比例しているか

＝今日すぐに全スタッフが始められるか

④ネーミング＝くすっとくるネーミングか

⑤原価とＣＩＳのバランスがとれているか

⑥ストーリー＝会社のミッションにそっているか

ものですが、当時20店舗ほどあった「塚田農場」の各店の店長たちは、その経緯を知りません。僕より社歴の長い先輩店長たちは、果たして「ジャブ」を認めてくれるでしょうか。自発的に「ジャブ」に取り組んでもらうには、どう伝えるべきなのでしょうか。大きな課題を感じました。

「ジャブ」はお客さまを感動させるだけでなく、同時にアルバイトのやる気につながらなければ、継続が難しいものです。だから、店長たちには、ＣＩＳ（お客さま感動満足）＝ＥＩＳ（従業員感動満足）の重要性をわかってもらわないとなりません。

錦糸町店なら、お客さまが喜んでくれるとアルバイトも嬉しい、と感じる空気感ができていましたが、当時は、「塚田農場」同士とはいえ、今のように横のつながりがなく、他店は別の会社くらい遠い存在でした。そんな中で、「ジャブでお客さまを感動させよう」と言ったところで、他の店長たちをやる気にさせられる自信はなかったし、仮に「ジャブを徹底すれば、錦糸町店のように売上が伸びる」と店長だけやる気にさせても、実際に「ジャブ」を打つアルバイトが面白いと思わなければ無意味です。どうしたら店長に「ＣＩＳ＝ＥＩＳ」を理解してもらい、アルバイトたちが自発的に「ジャブ」を始めてくれるようになるか、考えました。

そうして立ち上げたのが、「ジャブ投稿サイト」です。店舗の社員とアルバイトが、自分が考えたジャブを、それを打った時のお客さまの反応とともに投稿できる社内専用のSNSです。「ジャブ」は、アルバイトの裁量で自由にいろいろできますから、反応のよかったオリジナル「ジャブ」ができると、みんなに見てもらいたくて、アルバイトから投稿が上げられます。いい「ジャブ」には、他店から「いいね！」されたり、また、営業的に評価できるものもあり、毎月一番と思われるものを表彰し、わずかながら賞金も出すようにしました。

「ジャブ」でアルバイトのやる気を高める

こうして全店でスタートした「ジャブ100連発」の取り組みでしたが、しばらくすると、店舗によってお客さまの反応にばらつきが出ました。お客さまが感動すれば、リピート率が上がるはずなのに、いっこうにリピート率が上がらない店舗もあります。そうした店は、「ジャブ」をやりきれていない可能性が高いということです。

毎日各店の売上やリピート率、投稿される「ジャブ」を見ながら、この「ジャブ」がリピーター戦略の柱になると確信し、全アルバイトに自分の口で説明しようと、アルバイト研修を始めることにしました。

アルバイト研修では、次の3つを繰り返し伝えています。

商品知識はなぜ必要か。

なぜお客さまを、満足ではなく、感動させなければならないか。

「ジャブ」はなんのためにあるのか。

仕事のパフォーマンスは、その意味や意義をわかってやるのと、ただ言われたことをやるのとでは、全然違い、店舗での仕事が社会にどんな影響を与えるのかを考えてもらうのは、アルバイトにとっても会社にとっても、意味のあることです。

例えば、「商品知識が必要」な理由は、料理や酒という商品を売るためです。そして、売る理由は、エー・ピーカンパニーの掲げているミッションを実現するためです。

僕たちは、日本各地で思いを込めて食材を作る生産者さんとともに、「食のあるべき姿を追求」していますが、それは、意識の高い生産者さんが、後継者問題や地方の過疎化に苦しむことなく、安心して生産し続けていく世の中にしていくことでもあります。そのためには、従来の流通の常識にとらわれず、生産者の声が直接お客さまに届く、逆に、お客さまの意見を生産者さんがいつでも取り入れられる距離感にしたい。だからエー・ピーカンパニーは、一次（生産）、二次（加工・流通）、三次（販売）産業を一つにし、貫通して行う「六次産業化」を目指し、生産者さんとお客さまを結ぶ役を担ってきました。そうした取り組みをもっと広げて、生産者さんの努力に報いるためには、生産物のよさを世の中に知ってもらい、もっともっと売っていかなければなりません。お客さまが「塚田農場」を好きになって、リピーターになってくれることは、そうした生産物が安定して売れて、生産者さんや産地に還元できることです。それが地方を元気にし、後継者問題を解決する糸口になる。だから、お客さまには商品のストーリーを伝えてきちんと売ってほしい。それが商品知識をつけてほしい理由です。

「ジャブ」はそのための武器で、「ジャブ」でお客さまとの距離を測り、お客さまの来店動機や好みを知り、期待を超えるサービスを考えてほしい。どのタイミングで、どんなことができるのかを自分で考えて、お客さまを感動させてほしい。

共感してくれたアルバイトは、自ら考え、行動し始めます。社内SNSを使って、こまめに生産者とやりとりしていたアルバイトが、閉店後に深夜バスに飛び乗り、産地を見に行ったり、卒業旅行に宮崎を選び、生産者に会いに行ったり……。

売らされるのではなく、売りたいと思う気持ち、やらされるのではなく、やりたいという気持ち。思いを行動につなげるアルバイトの強い意志を、店長には理解して、支えてもらいたいと思います。

アルバイトの成長とは

「ジャブ」は今も継続していて、投稿数は5000近くになりました。最初のアルバイトが卒業し、世代が変わっても、アルバイトのほとんどが楽しくやり続けてくれる理由は、「ジャブ」がアルバイトの成長を促しているからではないでしょうか。

成長なんて言葉を使うと、大げさに感じるかもしれませんが、「成長」とは、昨日できなかったことができるようになること、そして、去年よりもよくなっている実感があることだと、僕は思います。

昨日はお客さまに呼ばれてしまったけど、今日は「すみません」と声をかけられる前に、自分から先に聞きに行けた、前回は料理とドリンクの説明くらいしかできなかったけれど、今回の来店ではお客さまがどこを気に入って再来店してくれたのか聞けた、壺味噌の説明がうまくできなかったのが、興味を持って聞いてもらえるようになった、オーダーをとるのが精いっぱいだったのが、勧めた商品を注文してもらった……。

一つ一つの「成長」は、とるに足らないことかもしれないけれど、本人に手ごたえが感じられ、もっと次のことに挑戦してみようと前に進み続けられるのなら、それは「成長」だと思っています。

それには、自分の強みに気づき、発揮できる場が必要になりますが、学校や家などで決まった人とばかりつき合っていては、強みはなかなか引き出せません。

「ジャブ」は、お客さまを観察し、どうしたら喜んでもらえるかを考え、行動につなげるステップです。マニュアルはなく、お客さま一人ひとりに合わせて自分で考えなければばなりません。その幅広い層の人との交流が成長を促してくれるのではないでしょうか。

6円のシールが見せた圧倒的な威力

だからシールを貼りたかった

「塚田農場」のメニューや看板、外装や制服を真似たような居酒屋を見ることはあっても、「シール」を真似されることは、ありませんでした。

「シール」とは、「塚田農場」ロゴシールを、お客さまの携帯電話に貼らせてもらう、というもの。それだけ聞くと、簡単にできそうな気がしませんか？　それに、写真のような、原価わずか6円のシールでどんな効果が得られるのかと、疑問に思うかもしれません。

でも、なぜそれが、他店では真似できない難しいことなのか、そして「シール」によって、どういう成果が出たのか、「シール」の意味をお話しします。

「ジャブ」の効果でお客さまのリピート率が上がると、もっとお客さまに感動してもらえる方法はないか、その感動を確実にリピート率につなげるにはどうしたらいいかと、考えるようになりました。

　そんなある日、「ジャブ」の一つである「持ち帰り味噌」（p141参照）の容器に、「塚田農場」とコピー印刷したシールを貼っていると、仲良しの常連さんが、それをじっと見ています。なんの気なしに、「貼る？」と訊けば、「貼る、貼る！」と嬉しそうに手を出してきました。「貼るなら、適当なところじゃなくて、携帯電話とか、大事なものに貼ってくださいよ」と言って1枚渡したところ、携帯電話の裏面にていねいに貼りつけてくれました。

　それから2週間後、再び来店したそのお客さまが、ぼろぼろになったシールを見せながら、こう言いました。

●「塚田農場」シール
店舗のアルバイトが自由にデザインできるのでアルバイトのモチベーションアップにもつながっている。

「こんななっちゃったから、新しいのに貼り替えて」

その時、僕の中で何かが反応しました。

こんなシールを、2週間も大事に貼り続けてくれた……。

ディズニーのファンは、大好きなミッキーと一緒にいたい、ミッキーアイテムに囲まれていたいという願望と、自分がディズニーのファンであることを周知させたい、という気持ちから、積極的にミッキーのアイテムを身につけます。このシールを貼りたい、と言ってくれる常連さんも、もしかしたらそうしたファン心理を持っているのかもしれない。

お客さまを超えた、ファン……？

そう思いついて周りを見渡せば、錦糸町店には、確かにそんな風に見えるお客さまが少なくなく、もしそうしたお客さまをディズニーファンのように固定化できれば、これまでにない店になるんじゃないか。そんな考えにワクワクしてきて、こちらからシールを貼ってもらう働きかけをやってみることにしました。

たかがシールが成した大きな成果

「塚田のシールを、お客さまに貼るぞ！」

次の日の朝礼でそう伝えて、錦糸町店での「シール」を始めました。当初は、みんなでやって1週間で10枚か20枚くらいの成果だったと思います。ところが数週間がたった頃から、シールを貼ったお客さまの再来店が増え始めました。「シールを貼らせてもらっていいですか？」と訊くと、「もう貼ったよ」とか「貼ってあるよ」と返ってくるわけです。それどころか、水戸黄門の印籠のように、携帯を掲げて入店されるお客さままで現れました。

シールを貼ってくれたお客さまは、リピーターになってくれる。というより、お客さまがシールを貼ってくれるかどうかは、「塚田農場」に感動したかどうか、の証になると気づきました。おしゃれでもなんでもない、ただ「塚田農場」のロゴを印刷したシールです。その日の「塚田農場」にいい印象を持たなければ、貼ってくれるわけがありません。

シールの威力を確信した僕は、みんなの意識を「貼れそうなら、貼ってもらおう」から「絶対に貼ろう」に切り替えるため、みんなを集め、以下のように話しました。

「シールを貼るのは、塚田農場をブランディングするということだ。ブランディングって、意味がわかるか？　お客さまに『塚田』というブランドを意識してもらうことだ。

例えば『カップラーメン』は一般名詞、『カップヌードル』は固有名詞、『遊園地』は一般名詞、『ディズニーランド』は固有名詞。ディズニーランドに行く人は、『明日遊園地に行こう』なんて言わずに、『明日ディズニー行こう』って言うだろう？　みんな自然に頭の中で、『遊園地』という一般名詞を『ディズニーランド』という固有名詞に置き換えている。これを無意識にさせるのがブランディングってことだ。つまり、ブランディング=固有名詞化ということなんだ。

残念ながら今の『塚田農場』はまだブランドじゃない。いろいろある居酒屋のうちの、一軒に過ぎない。人間は忘れっぽいから、一度行った『塚田農場』が楽しかったとしても、店を出れば、すぐに忘れてしまうし、名前だって、○○農場や○○牧場と一緒にな

シールでブランディング

って、なかなか出てこない。世の中の人にとっては、行ってよかった飲み屋の一軒くらいの認識なんだ。
ディズニーランドのような圧倒的な存在になるためには、もっともっとお客さまの心の中に入り込まないと。それには、目につくところに『塚田農場』のシールを貼って、お客さまの潜在意識に入り込もう。もっと名前を覚えてもらって、もっと口コミしてもらって、『飲みに行こう』から『塚田に行こう』に変えていこう。そうすればディズニーランドが遊園地を超えたように、塚田農場だって居酒屋を超えられる！」

錦糸町店のみんなの前で、必死に熱弁をふるったことを思い出します。平均2時間の滞在で、「塚田農場」の名前を刷り込むことは難しくても、携帯にシールを貼ってもらえれば、店外でも「塚田農場」の名前が繰り返し刷り込まれるはず。シールを見た誰かが「これ、なに？」と訊いてくれれば、口コミにもなりうる。ささやかなことでも、みんながちょっとずつ積み重ねていけば、「飲みに行こう」から「塚田農場に行こう」に必ず変わるはず。

僕の思いに、スタッフは共感してくれ、その日から、全員が全卓に声掛けし始めてくれました。

すると、最初は1週間で20枚貼るのがやっとだった錦糸町店が、1年たつ頃には合計5000枚、2015年には全店舗でなんと3000万枚にもなっていました。新規のお客さまについては、ほぼ100%貼れています。

こうして、いち居酒屋だった「塚田農場」は、リピート率6割の驚きの居酒屋として、多くのメディアから注目されるようになりました。そのきっかけを作ってくれたのは、このシールと、シールを貼り続けてくれた素晴らしい共感力と営業力を持つアルバイトたちです。

けれどもこの戦略は、2015年1月いっぱいで終了しました。理由は、塚田農場はすでに150店舗を超え、「地鶏の炭火焼の居酒屋」「いい食材で料理がおいしい」「元気で笑顔の接客が楽しい店」として、認知されるようになったからです。

トップダウンより自走集団を目指す

感動を生みだす「ジャブ」「ボディ」「ストレート」

「ジャブ」の話が続きましたが、では、「ボディ」「ストレート」は何をするかと言うと、「ボディ」は「ジャブ」の進化版で、お客さまに合わせたサービスを出してお客さまとの距離を縮めるのが目的です。

例えば、グループのお客さまの場合、地鶏の炭火焼の最後の1、2個を、みなさん遠慮されるからか、いつまでも残していることが多いのですが、冷たくなってしまったそれを最後にどなたかに押し付けるより、少量の野菜と和えて出し直せば、食べる側の満足度も上がると思いませんか。また、さつまいものフリットはそのまま食べて十分おいしいメニューですが、お子さんや、甘党のお客さま（会話から探る）にはクリームやチョコレートソースなどを添えると、喜ばれるものです。

「ジャブ」で距離を測りながら、お客さまの嗜好を探り、どうしたら目の前のお客さまに喜んでもらえるか、相手に合わせたサービスを考える、これが「ボディ」です。

そして、お会計を頼まれたタイミングで出す最後のサービスが「ストレート」になります。

この「ストレート」にあたるサービスを始めたもともとの理由は、実は前述の、ブランディングのためのシールを貼らせてもらうためでした。

シールの枚数でリピート率が上がることを体感した僕は、シールを確実に貼らせてもらえるようになろうと、スタッフに言いました。けれど、開始から数カ月もたつと、当初からの常連さんは、ほぼ貼り終えてしまって、その先がなかなか広がりません。また、初来店のお客さまから、あっさり「いらない」と断られてしまうと、その後気まずくなってしまうこともあり、そうした経験をすると、アルバイトもだんだんと声をかけづらくなります。

けれども、本来シールは、ビジターさんにこそ貼ってもらって、次回の来店を促したいわけですから、ここで諦めてはシールの成果が上がりません。なぜ、貼らせてもらえなかったのか、失敗した時はその理由をみんなで共有することにしました。

主な失敗の原因は、「お客さまと十分仲良くなれなかった」ためでした。仲良くなれなかったとは、お客さまとの距離が縮められず、来店動機がつかめなかった、だから感動させられなかったということです。シールは、お客さまがその日「塚田農場」をどう感じたかがわかるリトマス紙でした。

シールを断られれば、お客さまがその日の「塚田農場」に満足されていないことがわかるし、貼られれば、感動してもらった証拠です。シールを貼れた、貼れないは、リピーターになってもらえるか、もらえないかのチェック機能になっていました。

満足していないお客さまにできること

ここで重要なのは、シールを断られても、お客さまはまだ目の前にいらっしゃるということです。店を出られた後で「あ〜あ」という感想を知っても、挽回の仕様はありませんが、お客さまはまだ店内にいらっしゃる。チャンスは残っています。こうしたお客さまの満足度を上げるために、何かできないかと考えたのが、会計時の「ストレート」を思いつくきっかけになりました。

始めは、デザートにひと口ゼリーを出してみました。小さなゼリーにどれほどの効果があるかと思われるかもしれませんが、実は人には、何かしてもらうと、お返しをしたくなるという習性があります。バレンタインデーに始まったチョコレートを贈る儀式が、お返しのホワイトデーを生んだように、年賀状にお中元、お歳暮、また、日本に限らず、試食したら買わないと悪いような気持ちになるのもそれ。好意に対して好意で返したくなる人の心理で、それを、「返報性の法則」と言います。

そうした説明とともに、デザートのサービスを始めてみたところ、最初の数週間は、あまり変化は見られませんでした。小さなゼリーじゃ効果は薄いかと思い始めていたところで、驚くことが起こりました。一人のアルバイトが、お客さまとのその日のやりとりをメッセージにして、ゼリーをのせたプレートに書いたところ、それがお客さまの心をがっちりとらえたのです。プレートに描いたメッセージは、「感動した！」というコメントとともにSNSにアップされ、同時に「ジャブ投稿サイト」でも話題に。そのアルバイトのいる店だけでなく、多くの店舗のアルバイトたちが触発され、たちまち多くの店舗に広まっていったのです。

接客の会話の中からヒントを得て、お客さまの来店目的に合わせたメッセージを書く。それは、決して簡単なことではなく、手間も時間もかかります。けれど、お客さまが「自分のためだけのサービス」と思える、まさに「オンリーワンサービス」でした。

僕はこれを思いついたアルバイトの発想力に感心するとともに、彼女が普段からどれだけお客さまを観察し、距離を縮める努力をしてきたかを考え、本当に感動しました。僕では、とても思いつかなかったと思います。

こうした素晴らしいアイディアがアルバイトから生まれるのも、自発的な働き方あってこそだと思っています。

ストーリーが料理をさらにおいしくする

生産者との直接取引で得られたもの

「塚田農場」では、料理を出す時に、「提供トーク」と呼んでいる商品説明をします。ちょっとした和食店やフレンチ、イタリアンでも、この肉はどこそこので、とか、このお野菜はどういうもので、という説明がありますが、そうした商品を知ってもらうためのものです。

僕が、エー・ピーカンパニーに入社した当時も、商品知識をまとめたマニュアルのようなものがありましたが、その内容は中途半端で、説明するスタッフもあまり必要に感じていないようでした。

スタッフはお客さまに商品の何を伝えればいいのか、お客さまは何を知りたがっているのか。

そうしたことを僕が本当に理解できたのは、宮崎県の生産者さんと知り合い、生産者さんの生活を実際に目にしてからでした。

エー・ピーカンパニーの社員は入社からしばらくたつと、宮崎に研修に行きます。そこでは、養鶏場や加工センターの仕事を見せてもらったり手伝ったりして、生産現場について学びます。僕は塚田農場直営の農場に行き、そこで農場長の田上昌廣《まさひろ》さんと出会いました。

それから数カ月後、宮崎は特に暑くなると聞いたある日、働き者の田上さんのことだから、炎天下でも休まず働いているだろうと心配になり、電話をかけてみました。

「ずいぶん暑いみたいですけど、大丈夫ですか？」。すると田上さんの答えは、「日陰を作ったので、大丈夫ですよ」でした。

一瞬おいて、田上さんが鶏のことを答えたのだと気がつきました。僕は田上さんの体調を聞いたのに、田上さんの頭の中には、鶏のことしかなかった。自分が暑いとか、辛いとか、そういうことを少しでも考えていたら、こういう答えは返ってはこなかったと思います。

その瞬間、はっとしました。これまでのさりげない会話、「最近、イノシシが出るので、心配で」とか、「今日は冷えるから、大丈夫かと思って」と話していたことが、すべて鶏を心配してのものだったことに気がついたのです。

僕らが本社でやっている経営や教育も、決して楽なことではありませんが、例えば問題が煮詰まって、頭を切り替えたい時などは、意識して仕事から離れることはできます。けれど、鶏に限らず、自然を相手にした一次産業の生産者は、24時間365日、農家であり、漁師であり、決してその立場から離れることはありません。計画を立て、ていねいに育てても、台風や日照りなどの思わぬ天災ですべてを失う可能性があります。家に帰っても、生産者は生産者であることから離れられない職業なのです。

生産者の本音

エー・ピーカンパニーでは、入社当初から、「生産者の思い」や「命の尊さ」を大切にしろと、教えられます。宮崎の地鶏を自分の舌と足で探しだし、何度も現地に赴いてやっと取引を実現させた米山社長は、一次生産者の苛酷な現状を知り、自分もその中に身を置いて、鶏インフルエンザなどの局面を乗り越えてきました。まだ一軒の飲食店しかない中で、自社農場を建て、宮崎に会社を作ったのは、一次生産の現場に通ううちに、一次産業と地方の活性化が自分の使命だと思うようになったのだといいます。

一方、接客の面白さからこの世界に入った僕は、正直、米山社長の言う「生産者の思い」がきちんと理解できていませんでした。農家さんへの感謝の気持ちとか、食材の大切さは頭では認識しているつもりでしたが、24時間自然と向き合う生産者の心の中までは、わかっていなかったと思います。

社長が一次産業の活性化と、生産者の課題解決のため、販路を拡大していきたいと言うなら、店舗が生産者のためにできることってなんだろう。いろいろ考えるより、仲良くなった田上さんや、何人かの生産者さんに訊くのが一番と、尋ねてみました。

「生産者さんのために、僕たちができることはなんですか」

田上さんも、他の方も、みんな答えは同じでした。

「お客さまにおいしく食べてもらうこと」

鶏を育てる人たちに限らず、それが生産者の純粋な気持ちなのです。そして、この瞬間に、僕らが店舗でやるべきことが明確になりました。

おいしい料理を作り、お客さまにおいしく味わってもらうこと。

あまりにシンプルですが、飲食店のあるべき姿です。キッチンは、食材の管理を徹底し、レシピに忠実に、最高の料理を作る。ホールは、できたての料理をよりおいしく食べてもらう。

スタッフを集め、こうした一連の話をすると、キッチンスタッフの作る料理の完成度は、すごく高くなりました。みな、納得し、生産者さんの思いに応えたいと思ったのです。

では、接客するスタッフには、何ができるのでしょうか。

料理の味を劇的に変える一言

みなさんは、「プラシーボ」という言葉をご存知でしょうか。薬効のない薬を「効果がある」と患者に伝えて投与すると、病気が快方に向かうという、偽薬効果を意味する言葉です。「偽薬」という言葉はともかく、人は信じる力があれば、病気をも克服することができるという事実から、言葉が人の感じ方に及ぼす効果の大きさを知りました。

「塚田農場」でお客さまにうそを言う必要はありませんが、商品に共感してもらうことで、同じ味ももっとおいしく感じられるのではないかと考えました。それには、もっと商品を知り、生産者を知り、産地を知って、料理や食材の価値を伝えていくこと。

例えば地鶏の炭火焼を出す時に、

「新鮮な地鶏を味わっていただきたいので、レアに焼きあげてあります。ジューシーで、しっかりしたうまみと、弾力のある歯応えを楽しんでいただけます。周りが黒いのは、宮崎独特の焼き方で、炭火の直火で仕上げてあるからです。炭の香りや、さっぱりとした脂がおいしいので、温かいうちにぜひ味わってくださいね」と言葉を添えると、お客さまはおいしく食べられそうな気持ちになって、せっかくだから温かいうちに食べてみよう、となってくれます。

それを、何も言わずに出せば、「なんだか、普通の鶏より固いな」「ちゃんと火は通っているのか？」「なんで見た目が真っ黒なんだ？　焦げているのか？」「今は話が盛り上がっているから、食べるのは後でいいや」となるかもしれません。商品の価値をきちんと伝える、伝えない、どちらがおいしく食べてもらえるかは、一目瞭然です。

このおいしい料理をよりおいしく感じさせるストーリーを「提供トーク」と呼び、ホールスタッフは提供トークを通して、生産者の思いをお客さまに伝え、同時にお客さまの反応や感想を生産者に返すことを始めました。すると、あれほど商品知識を覚えるのを面倒がっていたスタッフが、自発的に学び、工夫して伝えるように変わったのです。

注文数を上げるより、食べ残しを出さない工夫を

「ジャブ」の目的は、仲良くなることではない

お客さまとの距離を測る「ジャブ」の始まりは、錦糸町店（当時はまだ「ジャブ」ではなく、店内販促と呼んでいましたが）でした。9割のお客さまが注文される「地鶏の炭火焼」を食べている途中で、「赤柚子こしょう」という辛味調味料を持っていき、お客さまに話しかけるきっかけにするのです。

初来店のお客さまの場合、来店動機がわかりません。なので、まずはこうした調味料を使って、スタッフとのトークを望んでいるか、どんな目的で来店されているのかを探ります。

スタッフには、最初の「ジャブ」については「ノックの法則」だと説明しました。お客さまからいい反応が得られなかった時に、落ち込んでほしくはないからです。話しか

けてものってこなかったのは、ノックしたドアがたまたまふさがっていただけ。今、ドアが開かなくても、チャンスはまだある。ここで諦めずに、できる「ジャブ」を打って距離を測り続けろと。

「ジャブ」は、店やスタッフに興味を持ってくださるお客さまに対しては比較的出しやすいものですが、そうでない方にもできる「ジャブ」はいろいろあります。

例えば、女性同士の、若干年齢が高めのグループのお客さまは、あまりスタッフには興味を示しません。それなら「構わなくてもいい」と思うスタッフも多い中、ある先輩アルバイトが後輩にこう指導しているのを耳にしました。

「お客さまから構わないでほしいサインを感じたら、仲良くなるためのジャブは控えた方がいいと思うけど、ジャブの目的はお客さまと仲良くなることじゃないよね。わたしたちの目的は、距離を縮めて来店動機を知って、期待を上回る感動を与えることでしょ。親しくなれないなら、少し離れてお客さまをよく観察するの。取り皿や灰皿をまめに交換するとか、大皿のサラダとか鍋ものを持っていった時に話が盛り上がっているようだったら、さりげなく取り分けてあげるとか、グラスが空いたら空気を乱さないようにおかわりを聞いて、そっと持っていくとか。仲良くなれなくても、お客さまがこの店を選んでよかったと思ってもらえるようにすることは、いろいろできると思う。それがちゃんとできていれば、帰り際に、名前を聞いてくれたり、ありがとうって言ってもらえたりすることもあるんだよ。そういうの、めっちゃ嬉しいから」

価値ある「ジャブ」は、いつもアルバイトから

「ジャブ」が広まるにつれ、「ジャブ＝お客さまと仲良くなるサービス」と勘違いするスタッフも出てきます。そうした子が勘違いを正せない店長の下にいると、「スタッフに興味がないお客さまにはジャブはいらない」となってしまったり、仲良くなることを目的にして、接客レベルを下げてしまうことさえあります。

「ジャブ」は、お客さまとの距離を測るための武器。そして、スタッフの目的は、お客さまの期待を超える感動を生み出すこと。

僕が言わなくても、この違いをきちんと説明できるアルバイトがいてくれることが、「塚田農場」の一番の強みじゃないかと思っています。

そして、仕事の目的や「ジャブ」の意味をきちんと理解しているアルバイトは、発想も豊かです。

お通しの秘伝の味噌をお土産にしようというアイディアも、実はアルバイトからの提案です。ある居酒屋で、帰り際にバナナを渡すサービスを見て、「塚田農場」でも何かお土産を渡したいと思い、一緒に働くアルバイトに相談したところ、「お客さまは、お通しの味噌が好きだから、その味噌をさしあげたらどうですか」という答えが返ってきました。

翌日100円ショップで容器を購入し、早速味噌を入れて配ってみると、お客さまの反応がすごくよかった。出口で渡せば置き忘れられることもなく、帰り際のちょっとしたサプライズになる。味噌の原価はかかりますが、「塚田農場」オリジナル味噌で、印象付けられるという付加価値もあって、人気は広がり、壺味噌の全国販売にまでつながりました。

そしてもう一つ、冷めてしまった地鶏の炭火焼きを他の味つけにして出すなどの「リノベ」（リノベーションの略で、食材を再生させ、おいしく最後まで食べきってもらう意）も、アルバイトからのものです。

「リノベ」は、錦糸町店のキッチンで働いていたスタッフがホールで働くようになった時、お通しに出しているキャベツが、よく残されていることに気づいたのがきっかけでした。「味を変えてもう一度出してあげたら、生産者さんの〝おいしく食べてほしい〟願いに応えられるし、食材を最後まで食べきってもらえる」と、残ったキャベツをいったん下げて、刻んでサラダにして出したところ、お客さまにとても喜ばれたのです。それは僕の中でもぴたりとはまりました。「食のあるべき姿を追求する」というミッションを掲げていながら、食べ物が残されるこれまでの現実に、やりきれない思いがあったからです。

なぜ食べ残しを出したらいけないのか

「おいしく食べてもらいたい」と願う生産者を一番喜ばせるのは、残さず食べて「おいしかった」と言われることです。おいしいと言われても、半分しか手をつけられないまま捨てられてしまったらどうでしょうか。本当においしいのなら、食べきるはずです。

そういう思いがあり、これまで、ホールスタッフには、オーダーをたくさんとれと言って客単価を上げる指導をしたことはありませんでした。オーダーをただ増やして売上を上げても、食べ残しが出れば、お客さまは不満を感じるからです。それではCIS（お客さま感動満足）＝売上にはなりません。だから「オーダーの相談を受けたら、お客さまを自分の親、兄弟、友達だと思って答えて」と教え、実際料理の食べ残しはほとんど出ないのが、自慢でした。

けれど、一つだけ例外があって、それが、「お通しのキャベツ」でした。キッチンからホールに移ったばかりのアルバイトには、その食べ残しがよほどショックだったらしく、店長だった僕に、「味を変えて、もう一度出してもいいか」とことわり、サラダに「リノベ」したのです。

すごくいい発想でした。お客さまはスタッフの心遣いと、無料であることに喜び、無理なく食べきってくれる。残飯がなくなり、アルバイトも「食べきってもらえた」という達成感がある。CIS＝EISに合う、素晴らしい「ジャブ」だと感心していたら、たまたま錦糸町店に来た米山社長が「すごい発想だ。うちのミッションにめちゃくちゃ

●赤柚子胡椒
地鶏の炭火焼を出した後に。

●キャベツのリノベ
余ったお通しのキャベツの味を変えて。

●ガーリックライス
鉄板に残った脂のうまみを残さず使う。

●持ち帰り味噌
帰り際、出口に向かうところで手渡し。

合っている」と、その発想を称え、一気に全店に広まりました。

　そのままでは残飯になるキャベツを新しい品に作り変えて、お客さまに無料で再提供する。会社の理念「食のあるべき姿の追求」に合致したこのキャベツの「リノベ」は、その後、様々なバリエーションを生みだしました。

　炭火焼の鉄板で作ったガーリックチャーハンや、かきのホイル焼のアルミ箔に残ったソースから作るリゾットなど、アルバイトが、「料理を残してほしくない」という一途な気持ちで生みだした、アイディア料理の数々です。
うちのアルバイト、すごいと思いませんか。

『島耕作』から生まれた「島耕作」

どんなサービスもいつかは飽きられる

「島耕作」と名付けたお客さまの出勤カードは、ご存知「課長（部長、取締役、社長……と続く）島耕作」からヒントを得ました。

初来店されたお客さまは、その場で「主任」になり、その後の来店数に応じて「課長」「部長」「専務」……と出世します。お客さまの来店は「出勤」と呼ばれ、出勤回数で「昇進」すると、新しい「名刺」がもらえます。この「島耕作」を始めて以来、リピーターさんの来店頻度が飛躍的に上がりました。役職別の名刺の配布数で、来店頻度別のリピーターさんの人数がわかり、「塚田農場」に共感してくださっている「役職」の高いお客さまについても把握できます。

そもそも、これを考えるきっかけとなったのは、「ジャブ」だけで常連さんをいつまで引きつけられるか、という不安からでした。ちょっと耳慣れない言葉ですが、経済学に「限界効用逓減の法則」というのがあって、同じものを複数回受けていると、回を重ねるほど、価値が小さく感じられるようになると言われています。簡単に言うと、最初は嬉しかったプレゼントやサービスも、そのうちに慣れて、感動しなくなるということ。つまり「ジャブ」「ボディ」「ストレート」も、来店を重ねて繰り返し受けているうちに、当たり前になって、感動できなくなり、リピーターさんも離れていってしまうということです。どうしたらリピーターさんの心を引きつけておけるのか。

最初に頭に浮かんだのが、家電量販店のポイントカードでした。けれども、特典が割引であることにひっかかりました。この形にすると、来店回数の多い人ほど、値引きの額が大きくなり、リピーターを増やして売上を安定させる戦略と矛盾します。価格ではなく、価値を形にする店にしたい、というエー・ピーカンパニーの理念にも合いません。

かと言って、よく見る、来店時にスタンプを押すようなものでは、「リピートしたい」という動機が弱い。

インセンティブを値引きに置かず、来店の動機になるものにしたい、加えてエー・ピーカンパニーの理念に合うものにしないと……。世界のポイントカードについて調べたり、関連本を読んだりしながら、つねに頭の片隅にひっかかっているような状態が長く続き、ポイントカードの類を見ると、つい仕組みやからくりを考えてしまうくせがついてしまいました。

例えば、家電量販店のポイント還元は誰の得になっているのか、とか、携帯電話会社の「0円」キャンペーンは、分割払いと変わらないんじゃないか、とか。お客さまの得になるとうたいながら、実は企業側に有利になっているからくりを見つけるたびに、「塚田農場」でやるなら、お客さまが納得して、純粋に店に通いたくなるものにしたいと、ますます思うようになりました。

そんなある日、たまたま入った本屋で、「社長　島耕作」が目に入りました。「島耕作ももう社長か」と目を移していくと、「取締役」「部長」「課長」と並んでいる。しかもよくよく見ると、「島」という感じが「鳥」に見えてきた。

――これは！

探していた何かがようやく見えた気がして、すぐ社に戻り、制作チームに相談しました。これが、「鳥耕作カード」の始まりです。

生活が満たされているから、名刺にはまれる

なぜ「出勤」で「昇進」する「名刺」が来店の動機につながるのか。

これは、「マズローの5段階欲求」で説明できます。「マズローの5段階欲求」とは、人間の欲求は5段階に構成されていて、第1、第2の生理的な欲求が満たされると、第3、第4の社会的な欲求が出てくるという考え方です。

第1段階	**生理的欲求**	生きていくための本能的な「食欲」「睡眠」「排泄」などを満たしたい。
第2段階	**安全の欲求**	命の安全を確保し、衣食住の心配をせずに暮らしたい。
第3段階	**所属の欲求**	会社、家族、国家などの集団に属し、友達や仲間を得たい。

第4段階　承認の欲求　帰属する組織の中で、他人から認められたい、尊敬されたい。
第5段階　自己実現の欲求　自分の掲げる目標を自分でクリアできる喜びを感じたい。

まずは生存本能によって、安全に生きる環境を望みますが（第1、第2段階）、それが満たされれば、仲間と関わりを持ちたくなる（第3段階）。仲間ができれば、今度は承認され、評価されたいというのが、人の自然な欲求なのです。

僕たち日本人の多くは、生まれた時から生理的欲求と安全の欲求が満たされていますが、例えば、トイレに行きたくて我慢している時やお腹がペコペコで倒れそうな時に、どこに住もう、とか何を着よう、とは考えられないし、人間関係の悩みは、少なくても住む場所や寝る場所を心配する必要のない人のものだと思いませんか。そして、今の時代、不景気が続いたために、第4段階の「承認の欲求」が満たされにくくなりました。守りの経営に舵を切る企業が多いと、役職が増えず、出世しづらいからです。

承認の欲求が満たされないのなら、店でその欲求を満たせばいいんじゃないか。塚田農場のお客さまは、30、40代のサラリーマンが中心なので、わかりやすく、会社の役職と同じように昇進できる仕組みを作ったらどうだろうかと考えました。

さらに、EIS（＝従業員感動満足）も高められるよう、「名刺」は接客したスタッフの名前を入れて、渡すことにしました。そうすれば次回来た時、誰の接客でリピートの成果につながったのかがわかり、EISが上がります。

早速始めてみると、お客さまもこの制度を楽しんでいるようでした。昇進システムの面白さにはまって、主任の名刺（初回）を渡した日から連続416日間ご来店という、大記録を作られた方が現れたり、また、リピーターのお客さまが新規の方を連れていらした時に、ちょっぴり得意そうに名刺について語っている姿も見られるようになりました。

常連度合いが来店回数で可視化できる名刺は、「塚田農場」を好きでいてくださる常連さんに僕が考えた以上に歓迎され、現在は課長以上の名刺を持ったお客さま、つまりリピーターさんが、全店舗で約88万人を超えました。

ちなみに、「部長」に昇進するためには、6回の来店が必要で、こちらは今、12万4000人います。「部長」以上の名刺を持つ方になると、いつも行く店舗がだいたい決

昇進の流れ

2 回の来店で課長へ !!

5 回の来店で部長へ !!

7 回の来店で専務へ !!

10 回の来店で社長へ !!

12 回の来店で会長へ !!

15 回の来店で !?!?!?

昇進の際には
ささやかながら
お祝いを差し上げます

まってくるものなのですが、「塚田農場」は、こうした「自店」を持つお客さまに教えられ、励まされ、支えられてきました。

「いい店」は、スタッフの努力だけでは完成しません。理解し、見守ってくれるお客さまがあって、初めて成り立ちます。「塚田農場」には、何年も通い続けてくださる常連さんが数多くいて、本当に恵まれていると思います。そうした方々の期待を絶対に裏切らないよう、今後も「感動してもらう」サービスを目指していきます。

ディズニーランドは永遠に完成しない

ここが違う「塚田農場」の料理

みなさんに質問です。大人気のディズニーランドに、誰もが感じる不満が一つあると言われています。それはなんだと思いますか。

正解は、一度の来園では決して遊びつくせないこと。

ディズニーランドは、一日では回りきれない広さと、数多くのアトラクションがある上、リニューアルを重ねて、いつも新しい何かを用意しています。それがファンを飽きさせず、何度でも行きたい気持ちにさせるのでしょう。

けれども、そのディズニーランドは、1983年に開園して以来、いまだ完成していないと言います。なぜなら、ディズニーランド、ディズニーシーを運営するオリエンタルランドが、「この世界に想像力が残っている限り、成長し続ける」というウォルト・ディズニーの言葉を、理念として持ち続けているからです。

ディズニーランドのファンたちが、それを知っているかどうかはわかりませんが、つねに成長し、進化するディズニーランドだからこそ、目が離せないのでしょう。

「塚田農場」でも、こうしたディズニーランドの高い志を目指したいと思いました。

まず、ディズニーランドのアトラクションにあたるのは、種類豊富なメニューです。塚田農場の場合は70品以上の料理と90種以上のドリンク、4人で来店されても一度では味わいつくせない数です。もちろん、数さえあればいいわけではなく、お腹が満たされた帰り際でも、メニューを見たら、「これも食べたかった」と思われるだけの魅力ある料理でなければなりません。

そのために、商品開発者はメニュー開発に取り掛かる前に必ず生産地に行き、農家さんから話を聞き、畑を見せてもらい、地元の飲食店を見て回り、食材の特徴と生かし方を学んだ上で、新しい商品について考え始めます。

「塚田農場」の商品のあるべき姿は、毎日でも食べたくなる家庭的な味、でも実際には家では食べられない手のかかった、手間を惜しまない料理です。

ゴージャスなディナーではないけれど、家で作るには手間や時間がかかる、だから「塚田農場」に通ってもらえるのです。

そうした「グランドメニュー」と、季節ごとに旬の食材を用いた「期間限定のつまみ」を合わせると、「宮崎県日南市」「鹿児島県霧島市」「北海道シントク町」の3業態で、年に約100品近くの新作を発表しています。

未練が再来店につながる

それでも、メニューブックを改定するだけでは、確実に再来店を約束してくれるほどの動機にはなりません。そこで僕は、まだメニューになっていない「これから予定されている、まだ秘密のメニュー」を本社からもらい、常連さんの帰り際にちらりと見せて、「来週には、こんなメニューが新しく出せるので、ぜひ食べに来てください」と誘いました。メニューの中身は、季節限定の食材だったり、一部の店舗で試験的にやってみたものだったり、初搾りのお酒だったり、いろいろでしたが、まだメニューになっていない特別な情報を、お客さまも楽しんだり、喜んだりしてくれていました。

実はこれは、ドイツの心理学者が提唱した「ツァイガルニック効果」を利用したもの。この心理学者によれば、「人は達成された課題より、達成されなかった、もしくは中断中の課題の方が記憶に残りやすい」そうで、「食べたいものを全部食べられ、おいしくて満足」の状態より、「今日は楽しかったけど、まだ食べていないものがある」と未練を感じてお帰りいただく方が、「塚田農場」の名前が記憶に残りやすいと言うのです。

お客さまに魅力を感じてもらえるよう、いい商品を開発するのは当たり前で、前年より多くのお客さまに来店してもらいたいと思うなら、「また来たい」から、「また来なければ」になるよう、積極的に仕掛けなければなりません。CIS＝EIS＝売上を守りながら、前年をどう超えていくかを考えるのも、店長の重要な仕事です。

錦糸町店の店長時代、僕を含めたスタッフを成長させてくれたのは、こうした僕の「戦術」を見抜きながらも、応援してくださるお客さまの存在でした。「まったく誘うのがうまいなあ」と言いながら、足を運んでくださったリピーターのお客さま、「店長がそう言うなら、頼むか」とお勧めを注文してくれた常連さん。こうした常連さんのおかげで、僕も「次回も、絶対に期待を超える感動を生もう！」という情熱を、持ち続けてこられたのだと思います。

アルバイトが教えるアルバイト教育

アルバイトは働くお客様

「塚田農場」のアルバイトは、従業員ですが、同時にお客さまでもあります。「塚田農場」を最もよく知るだけに、一番怖いお客さまかもしれません。だから、アルバイトに自分の働く店を好きでいてもらうことは、すごく大事だと思います。それには、しっかり稼げることと、やりがいを感じて日々成長していけること。店長の仕事は、それを約束することです。

成長には、「教育」が必要で、「教育」には教育者と環境が必要です。

では、アルバイトに成長してもらうには、どんな体制を作ればいいのか。いろいろな企業の仕組みを調べてはみるものの、手本にできる組織は見つけられませんでした。なぜかと言えば、僕の考える理想の教育者とは、個々の強みを見出し、教えるより見守れる人。行き詰まって助けを求められた時には、別の角度からの視点を与えられ、世界観を広げてあげられる——。

でも、成果を上げて役職者になった人の多くは、部下を教育するために自分が学ぶ時間はあまりとれず、仕事はできても、教育者としてのスキルは持っていません。エー・ピーカンパニーでも、「教育者の教育」は錦糸町店の店長をしていた当時から感じていた課題でしたが、いい解決方法は見つかっていませんでした。

教育者のあるべき姿があるのなら、自分でやればいいと思われるかもしれませんが、役員や副社長の立場は経営者として守るべき数字への責任も大きく、社員教育においては、教育者に徹することはなかなか難しいのです。

けれども、相手がアルバイトなら別です。社員とは違い、アルバイトは売上や数字への責任がなく、仕事や会社とのつながりも期間が限定されているので、教育目的は、本人の成長だけでいい。それに気づき、アルバイト教育を、やり始めました。

本人の成長につながる教育は何かと考えてみると、それは、「なりたい自分になるための教育」。自分の近くにいる、憧れの人に近づく。そんな等身大のお手本となるアルバイトを育てよう。

それが、アルバイトによる、アルバイト「教育」で、できる先輩に憧れ、真似をすることから学ぶスタイルです。

まずはお手本となるアルバイトの存在からです。「塚田農場」のアルバイトは、仕事へのモチベーションが高く、「ジャブ」と名刺で成果も見えやすいので、ＣＩＳ（＝お客さま感動満足）を高めるスキルを持つ優秀なアルバイトが誰かは、僕だけでなく、部長たちもみんなわかります。そうした声を聞いて、優秀なスタッフを選りすぐり、「ジャパンスタンダード」と名付けました。全国４０００人のアルバイトの頂点です。「ジャパンスタンダード」、略して「ジャパスタ」のメンバーは、ＣＩＳのスキルに加えて、仕事への意識や会社への共感度も相当高い。さらに、ＣＩＳが高いということは、コミュニケーション能力に秀で、商品のＰＲ力や自己アピール力も持っているということです。当然ですが、お客さまだけでなく、スタッフからも人気がある、魅力的な子ばかり。

そうしたジャパスタメンバーを、1年に1日だけ呼び集め、店長は僕、スタッフはジャパスタメンバーのみの、特別営業イベントを行いました。本人たちからその話を聞いた各店の常連さんが、先を争って予約され、席は営業1週間前には埋まるほどの大盛況。また、「できる子」同士が互いを見習って、積極的に学ぶため、たった1日の営業にもかかわらず、大きな成長を見せてくれました。

終了後、満面の笑みを見せるジャパスタメンバーに向かって、僕は言いました。

「今日の営業は素晴らしかったし、売上もよかった。でも、ゴールはそれじゃない。みんなが、ここで学んだことを店に持ち帰って、どう周りに伝えていくか。周りがその影響を受けて、どれだけ変われるか。ジャパスタ営業は、4000人のアルバイトたちのためにあるんだ。だから、今日学んだことは、自分の店をよくすることにつなげてほしい」。

●ジャパスタメンバーと
ジャパスタに選ばれたアルバイトからの事前の声掛けで、特別営業日はいつも満席御礼の大盛況。

「ジャパスタ営業」は、トップのアルバイトしか参加できない特別イベントであると同時に、他のアルバイトの憧れの存在として、理想の接客を広めていくための研修です。うまくいくかどうかは、自店に戻ったジャパスタメンバーの行動次第。周囲から「自分もジャパスタメンバーになりたい」「いいサービスができるようになりたい」「接客スキルを真似たい」と思われれば、一緒に働くアルバイトの意識を上げることになるのです。

余談ですが、ジャパスタに参加したアルバイトは、よほどの事情がない限り離職しません。社員になる子も何人もいました。接客レベルの高いジャパスタメンバー営業で、接客の奥深さと楽しさを知ったからです。

ジャパンスタンダード、すなわち日本基準。「塚田農場」のサービスを日本基準と言われるくらいまで究め、世界一を目指したいという思いからつけた名前です。

第3章
働きがいのある環境の作り方

効率の追求で失われるもの

潜在能力を引き出す「ラウンドアバウト」

みなさん、スマートフォンは使いますか。

僕は日々、スマートフォン、ＰＣ、タブレットすべてにお世話になっています。時々自分が依存しすぎていないか不安になって、会社の席を離れる時に、あえて携帯を机に置いたままにしたり、すべての電源をオフにして過ごしたりしています。便利な機器は、便利さと引き換えに、人が持つ能力を奪っているような、そんな風に思えることはないですか？

近年の機器だけではなく、例えば、外を歩けば、多くの交差点があり、そこには信号機があります。信号機がなければ道路は大混乱になるかと言えば、必ずしもそうとは限りません。１６２ページの図は、「ラウンドアバウト」というイギリスの地方などで見かける、信号のない交差点です。

初めて、この「ラウンドアバウト」を見た時、停止する必要もなく、3方向から来る車が行きたい方向にスムーズに流れていることに、感動してしまいました。普通の交差点と比べても、7〜8割事故も少ないそうですが、ルールは、

「右側優先」

の一つしかありません。経費はほとんどかからず、無駄な待ち時間はなく、ルール違反者を見かけることなく（右側優先のルールしかないのですから）、違反者を取り締まる必要もありません。お金も労力もエネルギーも使わないし、地震や災害などで停電しても支障の心配のないこのシステムは、いったい、なんの力で成り立っているかと言うと、それはドライバーの力なのです。

運転は本来、注意力、判断力、反射神経、譲り合いの気持ちなどが要求され（と、教習所では習ったはず）、誰もが初心者の頃は運転に「気疲れ」したはず。それが慣れるに従って緊張感は薄れ、注意力もおざなりになり、周囲の流れと信号に合わせるだけになっていきます。けれども「ラウンドアバウト」では信号がないため、ドライバーは他のレーンの車に注意を払い、タイミングを計らないと出入りができません。注意力と判

ラウンドアバウト（信号のない交差点）の仕組み

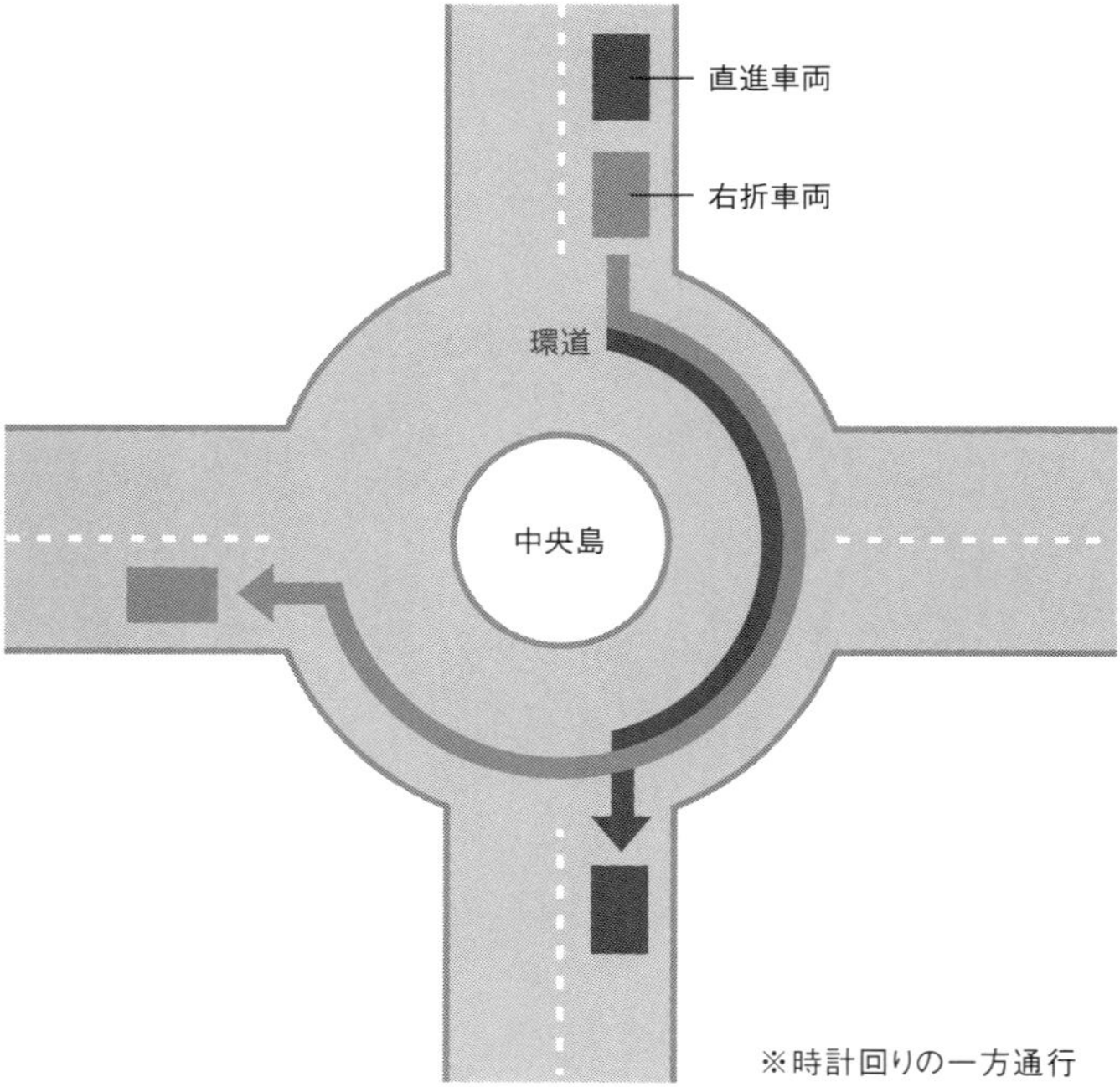

信号がないのに、ルールはたった一つ。

右側優先

断力を要する交差点なのです。

ドライバーの能力を引き出して、信号も取り締まりもなく、交差点を機能させる「ラウンドアバウト」、素晴らしいと思いませんか。これを見て、僕も「ラウンドアバウト」のような、最小限のルールだけで成り立つ組織を目指したいと思いました。

マニュアルの弊害

でも現実は、ほとんどの交差点には信号があるように、多くの組織には効率を重視したマニュアルが存在しています。マニュアルは一見効率よく働くように見えますが、長期的にはどうでしょうか。

スマホが出た時、電話も検索も予定も音楽も写真もムービーもと、1台でなんでもできる、本当にスマートな（頭のいい）電話だと思いました。でも、あることが当たり前になると、今度はスマホを持たずに外出できなくなりました。スマホなしでは人と待ち合わせができないし、集中して読書したり、記憶したり思い出す力が落ちたり、コミュニケーション力がなくなって、対人関係を悪くしたり、というマイナス面も見られるよ

なんでもできるスマホ

写真・ムービー
撮って保存
SNS
連絡先記録
音楽
辞書・翻訳
道案内
カンペキ！
ネット検索
メール・TEL
当たり前！
素早い
計算
スマホ
忘れた…
まっしろ
…

うになりました。便利なはずのスマホが、人の能力を奪う。これは、マニュアル教育についても同じことが言えるのではないでしょうか。

会社が短期的な成果だけを目指すなら、入ったばかりの従業員にはマニュアルを丸ごと覚えさせ、疑問を抱かせることなく、機械的に動いてもらうのが一番かもしれません。でも、エー・ピーカンパニーがこの方法をとらないのは、長期的に見た時に、サービスの質が確実に落ちることがわかっているからです。人は仕事に慣れると、飽きが来て、やりがいを感じにくくなります。考える必要のない、ただのマニュアル教育は、すぐにできるようになっても、働く上で最も大事な「やる気」を奪います。一度落ちたモチベーションを回復させるのは、維持すること以上に困難で、放っておけば組織力は低下してしまう。だから僕は、マニュアル指導より、従業員の理想の働き方や強みを探りながら、一人ひとりに合った環境で仕事をしてもらいたいと思うのです。短期的な成果はすぐには上がらなくても、自分の価値観に合った仕事や職場で働ければ、長期的にはやりがいを感じながら、生き生きと働いてもらえるからです。

実際に会社の理念や店舗での基本のオペレーションなどを教えた後は、自分で考えてもらう研修に切り換えると、意識の高い従業員は変わり始めました。自発的に働く人間は自分で目的を設定する方が楽しく働けるので、周囲にもいい影響を与えます。一人また一人と自走する働き方に変わり、組織の雰囲気は着実によくなりました。マニュアルに頼らない教育は、長期的には効率的だったのです。

とはいえ、全員が自発的に、高い満足感を得ながら働けているかと言うと、まだまだで、経営者としての課題は、たくさん残っています。最終的なゴールは、従業員すべてが「お客さまに感動してもらう」ことを目指し、自走していく集団になることです。従業員が自分の仕事に働きがいを感じて自走する組織、それが会社の理想の形です。

悩みや失敗がオーナーシップを作る

効率のよさが非効率に働くわけ

年々、新店の数が増えるに従って、感じることがありました。

一つ目は、新店の立ち上げは、それほど難しくなくなったということ。アルバイトの採用と教育、レシピに忠実な料理、在庫管理、発注業務などの店舗運営は、数人の塚田農場経験者と、本社の教育システムがあれば、ほぼ合格点が出せるようになりました。新店の立ち上げの流れは、ほぼ仕組み化できたわけです。

けれど一見楽になり、よくなったと思えるそれが、よくないことも引き起こしていました。それは、新店を立ち上げる店長の表情が、楽しそうではなくなったことです。

店長は店の責任者ですから、店長になれば、自分が思う店作りができます。店長に任命された時の自分を振り返ると、辞令が出てから店長になるまでの数週間が待ち遠しくてたまらず、来る日も来る日も「どうしたらいい店が作れるか」ばかり、考えていたものです。

エー・ピーカンパニーは、チェーン店でありながら、画一化の意識が薄く、接客と商品のクオリティが担保され、売上の帳尻が合わせられれば、店長は自分の店だと思えるくらいの裁量権があります。アルバイト面接も、店の中のルールやスタッフとの関係性も、従業員教育や接客スタイルも、会社の理念とずれてさえいなければすべて店長の裁量で決められます。責任は重くても自分の考えでのびのびと働け、遊びでは味わえないやりがいと達成感がありました。けれど、最近の店長たちの様子を見ていると、僕が感じたような楽しさや嬉しさを感じているようには思えないのです。

何がいけなかったのか。

新店の立ち上げが楽になりすぎたからじゃないかと思いました。僕が店長時代にはなく、今はあるもの、それは新店立ち上げの流れが仕組み化でき、本社がサポートしてくれるようになったことです。2010年頃までは、本社の人数も少なく、一人が何役も兼任していたので、いい意味でも悪い意味でも、新店の立ち上げは、店長一人が背負うものでした。

でも今は本社の体制が整い、それぞれの部署には専門のスタッフがいて、新店は楽にオープンできるようになりました。一方で、店長が自分で考えたり、工夫したりする必要がなくなり、それがオーナーシップを奪ってしまった。オーナーシップとは、当事者意識、店長で言えば、自店への経営者目線を持っているかどうか。失敗なくオープンできるノウハウのおかげで、悩んだり失敗することがなくなったことが、経営者責任まで見えなくしていたのです。

雇われ店長に「オーナーシップ」がなぜ必要なのか

高校生の頃の僕は、学校行事に興味がなく、文化祭をやり遂げた委員が肩をたたき合って泣いている姿を見ても、特に何も感じませんでした。同じ結果を見ても、感じ方がまるで違う。その差は、文化祭を作り上げてきた側の人間か、そうでないか。オーナーシップとは、苦労した分だけ、高まるのです。

店舗作りも全く一緒でした。新店を立ち上げるために、考えては決めて、決めてはまた迷いながらの過程が、店長の経営者意識を育てていたわけです。便利で楽になったことが、またもや大切なものを奪っていました。

どうしたらいい店になるか、どうすればアルバイトは集まるか、なぜキッチンと意見が合わないのかと、仲間うちで話し合ったり、議論したりした、そんな非効率的な時間の使い方が、会社の理念共有や価値観の一致につながっていたのかもしれません。

それに気づいた僕は、この先の経営のあり方に強い危機感を感じました。本社に蓄積された経験によって、失敗せず、効率よく仕事ができるようになったのに、それが人のやる気をそいでいる。効率のいいマニュアルは、短期間で「店を立ち上げる」目的には有用でも、長期的に必要な「店長のやる気」には有益ではなかったのです。だからと言って、店舗も社員も当時の3倍になってしまった今、もう一度過去のやり方に戻すことは現実的ではありません。ここまでの成長を生かしながら、失いつつある店長の情熱、オーナーシップを取り戻せるのか。自ら考え、失敗しながら学ぶことの大切さに、どうすれば気づいてもらえるのか。

マニュアル廃止で、情熱を取り戻す

当時、毎日見ている番組がありました。夏の甲子園のダイジェスト版『熱闘甲子園』です。その日負けた側のチームにスポットをあて、彼らのここまでのプロセスを紹介するのですが、出てくる選手たちは、試合に負けると、みんな例外なく泣きます。健気で一生懸命な姿に、ついもらい泣きしているうちに、「店長に欠けていたのはこれだ」と気がつきました。

プロ野球を見て泣くことはないのに、なぜ甲子園球児の涙にもらい泣きしてしまうのか。それは、彼らの情熱に打たれるからです。純粋でまっすぐな情熱は、技術や経験以上に人を感動させ、応援したい気持ちにさせます。これが効率よくなった「塚田農場」に欠けていたものでした。成長の場を与える、マニュアル指導は嫌だと言いながら、店長教育、店舗ノウハウと、効率いいやり方を押し付けていたのは、僕自身だったのです。

ノウハウなし、経験なし、知識なし、情熱だけでどこまでやれるのか。やってみたい者に、任せてみよう。

こうした思いから、新入社員だけで店を立ち上げる「熱闘甲子園」企画をスタートさせました。名前は、僕も泣かされた番組にあやかり、番組名をそのままもらいました。

これまでのノウハウをあえて封印し、知識も経験もない、入社したばかりの、でも情熱だけは人一倍ある新卒生たちに、店を一軒任せる。これまでの成功体験への挑戦とも言える企画です。

２０１３年度入社の新卒生から、この企画への参加希望者を募り、まずは他店でそれぞれがそれぞれに仕事を覚えながら、月に一度、会社の理念とミッションについて学びました。そして半年後の２０１３年９月、六本木に、経験のない新人だけの新店を立ち上げたのです。

離職をゼロにした「熱闘甲子園」企画

今でも忘れられないのは、オープン前日のことです。シークレットオープン（告知はせずに、社員と取引先をお客さまにした練習営業日）に僕が一緒に営業に入ると、改善点が60も見つかりました。

ご案内の仕方、お皿やグラスのストックの位置、提供トークの覚え方の甘さ、掃除のやり方、備品の位置……。

「明日のオープンまでに全力で改善しろ。今のままなら、既存店を100点として、30点の出来だ。こんな状態でオープンするなら、『熱闘甲子園』企画なんてやる意味はない。この試みを来期以降も続ける価値があるかどうかは、君らにかかっているんだ」。

僕の言葉に、23歳の入社半年の店長は涙を浮かべながら、それでもスタッフ全員で、その60カ所を直しました。弱音を吐いたり、泣き言を言う者はいません。情熱があるから、悔しくても投げ出さないし、へこまない。彼らの必死な表情に、僕も「いい店を作りたい」一心だった時のことを思い出しました。

そしてもう一つ、「熱闘甲子園」企画は、僕自身の「教育」の考え方を見直すきっかけになりました。

実は企画実行前に、事業部の売上、教育をマネジメント管理している部長と統括料理長に、「見守ってください、でも口を出さないで」とお願いしました。お客さまが不快に感じたり、事故につながる場合以外は失敗してもいい、失敗して、そこから学ぶことをむしろ望んでいました。一方で、失敗が予想できながら手も口も出せない幹部たちは、さぞかしきつかったと思います。でも、そのおかげで、「熱闘甲子園」に参加した新卒生たちは、これまでの成長プロセスをはるかに凌ぐスピードで学び、その中で僕も大事なことに気づかされました。

何を教えたらいいいか、どう伝えればいいいか、さんざん考えてきた「教育」でしたが、成長のための「教育」は、何かを教えることではなかった。各々が自分で考えて動ける場を提供し、「待つこと、見守ること」だったのです。

自転車の乗り方を説明できますか

暗黙知の教え方

みなさんは、自転車に乗れない人に乗り方を説明できますか？

両手はしっかりハンドルを握り、左足を地面につけて、右足をペダルにかけ、その足を踏み出すと同時に……。

どれだけていねいに細かく説明しても、たぶん説明だけで、人は自転車に乗れるようにはならないでしょう。自転車は乗りながら、体得していくもの。このような経験や勘に基づく伝承を、「暗黙知」と言います。

暗黙知で学ぶものは、例えば鉄棒やスキーにおける体の使い方など。反対に、料理のレシピや工場での生産工程などマニュアル化できるものを、形式知と言います。形式知のメリットは、未経験者、新人スタッフにもベテランと同じものが作れることです。

ではマニュアル化できない、自転車の乗り方のような暗黙知の場合、どう教えるか。

僕がやっている店長研修でも、「子どもに自転車の乗り方を教える時、何をしてあげますか」と質問しています。説明しても乗れるようにならないからと、ほったらかしにはできません。そういう放置も考え方としてはあるかもしれないけれど、僕だったらできることはやってあげたいので、まず補助輪をつけた自転車を前に、自転車の魅力を語ります。そうして、乗りたい気持ちが芽生えたタイミングで、最低限の説明とともに自転車を与え除々に慣れさせます。そして、補助を使いながら、一人でなんとかバランスがとれるようになってきたら、転んでも怪我をしない公園や広場に連れていき、大怪我だけしないよう見守ります。

自転車は、一人で転びながら体得するものです。口出しはできるだけせず、くじけそうになったら声をかけ、大怪我にならないよう見守り、乗れるようになるまで待つのが、僕の教え方です。

店長研修でこうした話をするのは、新入社員に対して、教育者である上司は何をしてあげられるのか、考えてもらいたいからです。

「補助輪つき自転車を用意する」とは、会社の理念と現場の業務を教えることです。最初は仕事を与え、その仕事の目的を教えます。「初めての仕事」はどの子にとっても緊張感を持って一生懸命やれるものだと思います。けれども、やがてみんな、慣れてきます。新卒教育でも、一番難しいのが、実はこの時期です。そこそこはできるけど、完璧ではなく、自走もまだできない。なのに「慣れ」とともに「飽き」始め、最初の頃のようにはがんばれない。その時、僕ら教育者には何ができるのか。

褒めても、叱っても、励ましても、「やらされている」と感じているうちは、自走できません。転びながらも、自分で自転車に乗れるようになる教育のような形を考えないとならないと思いました。

正解より納得の、「教えない教育」

僕が好きな名言の中に、第二次世界大戦時、連合艦隊司令長官だった山本五十六のこんな言葉があります。

やってみせ、言って聞かせて、させてみせ、ほめてやらねば、人は動かじ。

話し合い、耳を傾け、承認し、任せてやらねば、人は育たず。
やっている、姿を感謝で見守って、信頼せねば、人は実らず。

教育とは何かを考えさせられる深い言葉です。初めて目にした時は、褒めるのが苦手な僕は、依存させない褒め方とは？　と考え込んでしまいましたが、後で、山本五十六の言う「褒める」とはともに喜ぶことだと知り、つまり僕らが普段から大切にしている共感や感情移入だと気づきました。

これを「塚田農場」に置き換えて考えると、情熱を認め、店を任せ、行動を見守り、失敗から学ぶ環境を与える、「熱闘甲子園」がまさにそれではないでしょうか。

「熱闘甲子園」企画だけでなしに、こうした模索を繰り返してみて、僕の思う教育の方針が見えてきました。それは、1年目に基礎を教えたら、その先は自分で考えて行動してもらう。迷ったら自分で考えて、失敗したら、そこから学ぶ。上司は自走できる場を提供し、何かあった時だけフォローする。

もちろん見ていて、万が一事故や、重大な問題につながりそうな時は事前に注意することもありますが、自走できる集団を作るには、自分で学びとる時間が何より大事です。

一方でこのやり方は仕事のぶれが大きく、時間もかかることは承知しています。けれど、マニュアル化して、短期間で戦力になる人間を量産しても、仕事に慣れた時に本人がやりがいを失ってしまっては、本人にとっても、サービスを受けるお客さまにとっても、そして会社にとっても、いいことではありません。

成長とは時間のかかることだと覚悟し、見守り、待つ。まだまだ経営者としても人としても未熟な僕は、日々、苛立ったりストレスに感じてしまうこともありますが、そう自分に言い聞かせています。

離職する理由を考える

選択には理由がある

年間100人近くの新卒生が入社してくれるようになって、間もなくのことです。せっかく入ってくれた新入社員が何人か続けて辞めてしまうことがありました。辞める子の上司は、もともと対人関係に問題があるのを見抜けなかった人材採用チームのミスだと言い、人材採用チームの担当はいい資質を持っている子だったのに、伸ばしきれなかった現場の教育のせいだと言う。当の本人に話を聞けば、入社前のイメージと違った、と……。

誰もが他人のせいにしていては、解決できません。どうすればみんなが、自分の問題としてとらえてくれるのでしょうか。

当時僕は、経営者をしている友人に誘われ、レジリエンス（挫折にあっても折れたりくさったりせずに、しなやかに生きていく力）を鍛える、「おとな塾」という講座を受講していましたが、その中で、

「価値観とは、選択の根拠の自覚である」という話を聞き、これこそ今、社内に必要な考え方だと感じました。

人は、何かを選択する時に無意識のうちに自分の持っている価値基準を使って決めているけれど、あえて選択した理由を意識してみると、自分の価値観がわかるようになる。自分自身の価値観がわかっている人は、何かトラブルが起きても、対処の仕方がわかる

し、簡単にはくじけることはないという話でした。

なるほど、と思って、早速新入社員たちを集めた研修で、そう話して聞かせましたが、まだ社会人経験のほとんどない人間に「選択の根拠を自覚させる」ことは難しく、みんなピンと来ていない様子でした。

僕が伝えたかったのは、例えば裏方の仕事が向いていると考えて、そうした仕事をしていた子が、あまり楽しく感じられなくなってくると、すぐに辞めようとするけれど、そもそも、どうして自分に裏方が向いていると思ったのか、辞める前にまずその根拠を探ってみようということです。

その理由が、口下手でみんなの前に立つのが苦手だったからだと言うなら、第1章の「価値観発見ワーク」をやらせ、9歳以前のそうした場面を思い返させてみると、実は小さな頃はしゃべるのが嫌いではなく、それが年齢が上がるとともに緊張するようになったとか、何か小さな失敗があって、それから避けるようになってしまったとか、苦手意識を形成する原因が出てきたりするのです。そうした過去をふまえて、現在の状況を聞いてみると、最近になって人前で話すのが楽しくなったのに、裏方の仕事しかさせてもらえないことに不満を感じていたなどの原因がわかり、解決に導くことができるのです。

今の自分は、本当の自分か

僕も含め、自分で思いこんでいる自分像とは、案外と親や友人の意見、世の中の常識などの影響を受けているものです。自分の中の好きになれない自分、例えば、何かに対してどうしても真剣に向き合えないとか、一生懸命やりたいのについ斜に構えてしまうなどには、そうした思いこみの自分像と本来の自分とのギャップが原因になっていることもあるわけです。ですから、もうムリだと仕事や職場を投げ出す前に、なぜそれほど嫌だと感じるのか、自分の選択や感情の理由を考えてみてもらいたいと思います。本当にその仕事自体が苦痛なのか、嫌だ、ムリだと感じる原因が他にないのかどうか。そもそも、なぜその仕事を選択したのか。

「選択の根拠を自覚してもらう」ことが新卒社員にまだ難しいのなら、自分で選択したことに責任を持つことを体験してもらおうと、「事業部総選挙」を始めることにしました。

　これは、新入社員が、自分が入りたい部を自分で決める、自分の上司を自分で選ぶ、というもの。内定した新卒者を前に、各事業部が事業内容をプレゼンテーションして、自分の部へと誘います。プレゼンを受けた新卒者が入りたい部を決めたら、今度は自分を売り込む番。自己アピールシートを入念に作成し、選挙管理にあたる人材開発部に提出します。人材開発チームは、各事業部の要望と希望者の熱意を照らし合わせながら、配属を決めるというわけです。

「事業部総選挙」を始めるまでは、人材開発部が各人の適性を見て、合うと思われる事業部に配属していましたが、自分で決めるこの制度を始めると、離職数が減りました。自分自身で部署や上司を選んだことが責任感を芽生えさせ、多少うまくいかないことがあっても、人のせいにせずに、なんとか乗り越えようとするのでしょう。

　一方で各事業部部長たちも、必要な人材を選ぶ立場から、選んでもらう立場に変わり、意識が変わったように感じます。プレゼンを受ける新卒社員たちの目は、前に立つ先輩社員に、次期の自分たちを重ねるため、痛いほど真剣です。彼らのそうしたまなざしが、社員の強みを伸ばすこと、生き生き働ける環境を作ることがどれだけ大事な仕事か、社員を受け入れる責任がどれだけ重いかを、部長たちに感じさせたに違いありません。

仕事は選択の連続です。そして選択の結果で、人の生き方は決まります。人の意見に流されたり、押し切られて納得しないままに結論を出すことは、少なくともエー・ピーカンパニーの社員には、やってほしくありません。自分できちんと選択し、出した結果に責任を持つ、その分決めたことに対しては、思いっきり行動できる人間でいてもらいたいと思います。

なんのために働くのか

幸せになる働き方とは

エー・ピーカンパニーでは面接時に、どんな時に幸せを感じるか、仕事を通して何か達成したいことがあるか、なんのために働くのかなどをじっくり考えてもらい、働く目的や人生の目標を重視する学生を採用しています。とはいえ、「働く目的」は人それぞれですから、どういう答えなら採用だとか、そういうことではありません。ただ、働く目的のある人や、その答えを見つけようとする人は、簡単に物事を投げ出さず、自分の決めたことを最後までやり通せると思っています。

みなさんは、なんのために働いていますか？

僕自身は、「幸せになるため」に働いています。仕事を通じて、人や世の中の役に立ち、得たお金や経験や知識で、自分の周りの人を幸せにする。これが僕の理想の働き方です。

仕事は、自分の好きなことをするための資金稼ぎだと言う人もいますが、そうであっても、どうせやるなら、その時間も楽しい方がいいと思いませんか。だから、仕事に楽しさを求めるのは、当然だと思います。

逆に仕事での成果を優先しすぎて、私生活がぼろぼろというのでは、あまりに悲しいというものです。だから自分の価値観に合った職種や、働き方を見つけよう、自分のやりたいことと会社の利益をマッチさせ、自分の仕事は自分で決めようと、話してきました。

同時に経営者としての仕事は、みんながやりがいを感じられる職場や処遇を整えること、一人ひとりの強みを生かせる機会を増やせるよう、ビジネスチャンスを広げ、やる気を伸ばせるフィールドを作る。それが僕のやるべき仕事だと思っていました。でも最近になって、それだけでやって来られたのは、僕も社員たちも若かったからだと気がつきました。

エー・ピーカンパニーの社員の平均年齢は、31歳。2009年入社の新卒1期生が、2015、2016年に30歳を迎え、社員の過半数がこれから結婚を迎えることになります。

居酒屋はご存知の通り、仕事のピークタイムが夜です。ランチタイム営業をやる店も中にはありますが、「塚田農場」の場合、ランチをやるかどうかは、基本は店長判断です。なので、昼間仕事が全くないわけではありませんが、ワークタイムの主流は、午後から夜になっています。

早く仕事で結果を出したい20代のうちは、自分の目的に合致する、やりがいのある仕事ができれば、働く意欲は高く維持できます。

でも20代だった社員も30歳になり、生活環境や将来設計が変われば、会社に求めるものも変わってきます。これまでは、楽しくやりがいのある仕事と、信頼できる仲間がいれば満たされていたけど、いつまでもそれだけでは通じなくなると思いました。家族や家庭のプライオリティが上がり、休日に重きを置いた働き方を望む人も増えるでしょうし、夜働くことが不可能になる人も出てきます。

そうした人が辞めていく会社になってしまっては、新しく入社してくる社員も安心して働けません。人生のいろいろな段階にいる社員が活躍できる場を作り、一生いたいと思われる会社にするには、これまでの「働きがい」だけでなく、「働きやすさ」も必要です。ここ数年、それを強く感じるようになり、昼間の雇用を確保する新規事業を立ち上げました。

働きがいか、働きやすさか

ただ、気になる点も残っています。それは、店舗で生き生きと楽しく接客をしている人間を、ライフスタイルが変わったからと、新規事業や本社に異動させて、本人はどう感じるか、でした。職種が変わっても、やりがいを感じられるのか。社員の生活スタイルに合わせて雇用形態の幅を広げた後の、彼らの働く動機ややりがいはどう維持するのか。

これまで、自分の強みを生かして働いてきた社員からすれば、結婚しても、子どもができても、得意な仕事がしたいはずです。店舗で働けなくなった時に、これまでの経験や人脈を生かした働き方を試してみる場が作れないか。社員のためのインターンのようなな……。

ここから思いついたのが、「ハイブリッド制度」でした。店舗で仕事をしている社員の中から、希望者は月に数日、本社業務である「教育」「採用」「販促」「広報」「商品開発」「現地バイヤー」「店舗開発」など、各部門の社員や役員について、仕事とその周辺を学ぶというものです。

本人が自分の適性を発見することが目的で、適性が合って本人と部署が希望すれば、

ハイブリッド制度

継続や配置換えも可能。人件費については、受け入れる部署が持つようにしています。

「ハイブリッド制度」への応募資格は社員としての店舗経験が1年以上あることにしています。現場経験とお客さま目線を知る人間は、受け入れ先の本社社員の勉強にもなるからです。

開始から4、5年たち、このハイブリッド制度から、本社の教育や商品開発、新規事業に移った先輩社員たちは、今、生き生きと働いています。

ハイブリッド制度に限らず、現場で思いついたことを企画にし、実行に移すまでの時間が、きわめて短いのが、エー・ピーカンパニーの特徴かもしれません。それは、どんなによく練り、考えたプランでも、やってみれば必ず修正点が見つかるもので、それなら、多少粗くてもまずは始動させ、問題が出たらその都度リニューアルしていけばいい。それが一番使いやすいルールを生むと考えているからです。

社員の可能性を広げる新規事業

新卒社員には、なぜ現場を知ってもらいたいか

２０１５年４月現在、新卒入社の社員のほとんどは「塚田農場」「四十八漁場」などの居酒屋に配属されます。「居酒屋」以外の業務も増えてきた中、なぜほとんどの新入社員が店舗配属になるかというと、第一の理由は消費者のニーズに敏感でいてもらうためです。

お客さまの望みに応え、期待を超える仕事をする――。店舗だけでなく、本社でも、料理の開発や酒の選定、食材の仕入れや内装デザインなどをする上でも要求されることです。

メニューを考える商品開発部は昔から米山社長に、「皿の上の商品開発はやるな」と言われてきました。皿の上の商品開発とは、お客さまのニーズや食材の産地、生産者がどんな思いで育てているかを考えることなく、キッチンの中だけ、頭の中だけで考える、

また自分の技術をひけらかすような料理を作ろうとする、そういう開発の姿勢を指します。「塚田農場」は、料理人の自己満足を満たすための店じゃない。中途半端なアイディア料理を考えるより、生産者の成果をお客さまがきちんと味わえるものを作ってくれと。そのため、開発者たちは、年に十数回は宮崎、鹿児島、北海道の産地を回り、時には生産者さんの家で普段のごはんをいただき、時には現地の人気店を周りながら、食材について学んできました。

同様に、メニューブックを製作するデザインチームは、「頭の中のアイディアだけで作るな」と言われ、新しいメニューを作る前には、必ず生産地に行き、生産者と直接対話しながら、彼らの思いを形にしようと努力しています。

お金も時間もかかる「実体験」に、これほど米山社長がこだわるのは、産地と現場のニーズを知らない人間には、本当に必要なものは生みだせない、という考えによるものです。商品企画やメニュー製作は、「売りたい」生産者の声を直接聞くために、そして、「売るため」の店舗社員たちは、お客さまの「欲しい」と言う声を体感で知るために、それぞれ現場体験は欠かせません。

特に、現場でお客さまの要望を嗅ぎとり、期待を超える営業をしている社員は、会社にとって財産です。ハイブリッド制は、そんな彼らに長く働いてもらいたくて始めた取り組みですが、大事なのはその後の受け入れ先です。先にも書いたように、店舗の補佐業務を担っている本社だけでは、職種も受け入れ数も限られているため、社員の特性を生かしきれるとは言えません。

そこで、居酒屋業態以外の新規事業を立ち上げようということになり、2014年は「弁当」「蕎麦」、2015年は「結婚式の二次会プロデュース」「外販」「国産鴨専門店」、2016年は「EC（電子商取引、Electronic Commerce の略）事業」「ブライダルの本格参入」ほか、海外事業の拡大を目指しています。昼間だけしか働けなくても主流の仕事に携われ、これまで培ってきた地方の生産者とのパイプを生かすことができる、さらに業界自体にまだ改善の余地が残る、興味深い部門です。

これら新規事業のあり方についていろいろ考える間に、嬉しい発見がありました。それは現場で働く従業員の能力の高さです。

必要な業務やスキルを書きだしてみると、それをやりきれるだろう社員の顔が次々と浮かび、できないと思われることがほとんどないのです。「塚田農場」での彼らの仕事は、「お客さまの期待を超える」営業でしたが、それは居酒屋、あるいは飲食業の枠を超え、いつの間にか彼らは素晴らしい「人財」になっていました。少なくとも「塚田農場」の店長を3年やった人間は、なんでもできる。改めてそう確信しました。

おかげで新規事業は外食に限らず、様々な可能性にチャレンジできると、ワクワクしています。そうした優秀で大事な人材には、辞めてもらいたくない。それには新規事業も、従業員がやりがいを持ち続けられるものにしていかなければならない。そう、自分に厳しく言い聞かせています。

僕が「塚田農場」を選んだ理由

仕事を通して何人を幸せにできるか

エー・ピーカンパニーは、不動産、ブライダル、接客業など、いくつものベンチャーを立ち上げてきた米山久社長が、2001年東京・八王子にダーツバーから始めた会社です。

現在は、地鶏の炭火焼が看板の「塚田農場」、漁師さんから直送される新鮮な魚介の「四十八漁場」が主体ですが、実を言えば、居酒屋を目的にしている会社ではありません。地方の生産者から、品質のいい食材を直接仕入れることで、中間のマージンと流通にかかるタイムコストをカットし、都心の店舗で鮮度のいい食材を、低価格で提供する。生産から販売までの、一次、二次、三次産業を貫通した六次産業ビジネスの会社で、居酒屋はその販売方法の一つです。

一次産業で言えば、宮崎県、鹿児島県、北海道の生産地には自社養鶏場が、宮崎県島野浦や岩手県陸前高田には自社漁船があり、社員漁師もいますし、二次産業で言うと、鶏肉加工センターなども所有しています。なのに「居酒屋」で働く社員が、全体の8割近くを占めている理由は、独自の栽培方法で高品質の食材を生産しながら、販路を持たない生産者や、二次、三次産業との収入のバランスが悪く、低所得、後継者問題に困っている生産者の要望に応えることが、先決だと考えているからです。

米山社長が、一次生産者の問題を解決することに使命感を持ち始めたのは、偶然の出

エー・ピーカンパニーが展開している主要ブランド一覧

地鶏

宮崎県 日南市 塚田農場

鹿児島県 霧島市 塚田農場 黒さつま鶏専門

北海道 シントク町 塚田農場

わが家

鮮魚

漁師直結鮮度 四十八漁場

魚米

日本橋 墨之栄

ホルモン

内臓・精肉 大衆酒場 関根精肉店

内臓専門卸問屋 (卸)芝浦食肉

平澤精肉店 朝挽ホルモン専門

鴨

最上鴨

Na Camo guro

海外事業

nojo

シンガポール、サンフランシスコ、
北京などに進出

中食事業

おべんとラボ 塚田農場

法人弁当、駅ナカ出店、
オフィス販売などに拡大

ブライダル事業

UNION HARBOR

二次会運営、披露宴、
パーティ会場などに展開

会いからです。八王子のダーツバーの次に始めた飲食店で「いい食材を安く仕入れれば、お客さまに選ばれる」と考えて、それなら生産者から直接仕入れればいいと、宮崎の地鶏を育てる農家さんに会いに行った。ところが他所者《よそもの》はなかなか受け入れてもらえず、突破口を求めて日南市の市役所を訪ねたところ、一人の職員さんが米山社長の熱意に打たれ、ある鶏農家さんを紹介してくれたと言います。やがて3人で酒を酌み交わす関係ができ、米山社長も毎月のように宮崎県に通っているうちに、一次生産者の苛酷な現状を目の当たりにすることになりました。

「大変な仕事をしている人が全く儲からない」

これは、当時の米山社長の感想です。そうした食ビジネスのあり方に問題意識を持ち始め、なぜ誰もおかしいことをおかしいと言わないのか、変えた方がいいことを誰も変えないのなら、自分がなんとかすると、中間流通業者とのつきあいを改め、生産者とお客さま、そして提供する自分たちの三者がWIN-WINになるような六次産業ビジネスを思いつきました。それが、日本全国の生産者と直接取引し始めたきっかけです。

昨今は、地方の食材を提供するスタイルが増え、こうした食材の魅力だけでは差別化しづらいので、サービスなどの付加価値でお客さまの満足度を上げてきましたが、こうしたリピート戦略が実行できたのは、ゆるぎない商品の力があったからなのです。

アルバイトの声が、生産者をやる気にする

僕が不動産業から転職したことはすでに書きましたが、最初からエー・ピーカンパニーを希望していたわけではなく、たまたま受けたうちの一つでした。けれども、採用していただいた複数の中から、エー・ピーカンパニーが一番だと思えたのは、料理のクオリティがずば抜けて高かったからでした。

けれどもこの時の僕の商品力への理解は浅かったと、後になってわかりました。

「塚田農場」に入社し、商品知識を深めていった頃から、育てる生産者さんによって、さらに同じ生産者さんでも時期によって、鶏の味が変わることに気がつきました。僕がこれまで注意深く鶏の味について考えたことがなかっただけで、どの鶏もそういうものなのかと思ったりしましたが、入社した時より、おいしくなっている気がするのです。

食べ慣れるとうまく感じてくるのかとか、それとも会社の理念に共感したからかと、はっきりした答えが出せないまま、研修で鶏農家さんに会いました。そこでその謎が解けたのです。

実は鶏農家さんたちは、決まったやり方で鶏を育ててはいませんでした。生育期間を変えてみたり、餌の配合を研究してみたり、宮崎の研究所から地鶏に関する資料を取り寄せて、農家さん同士で集まっては勉強会を開いたりして、「よりおいしくしよう」と、日々試行錯誤していたのです。

「生産者から直接買うから、おいしい」という僕の発想が、どれだけ薄っぺらいものだったか。生産者との直接取引は、安全なものをコストをかけずにリーズナブルに提供できるメリットがあるのは確かですが、本当の価値は、その先にありました。

自分が大事に育てた鶏をお客さまがおいしく食べてくれる――。

直接取引は、お客さまの「おいしい！」「おいしかった」の声を、生産者が店舗のスタッフを通して聞けるということです。僕がお客さまの反応を伝えたり、スタッフからの感謝の手紙を渡した時の鶏農家さんの嬉しそうな顔は、今でも忘れられません。

生産者から直接買うということは

コスト減・
新鮮・安心
だけでなく
お客さまの声が
生産者のやる気を
上げる
直接
買い入れ
ありがとう
ございました
おいしい!!
直接
声が届く

店舗で、自分が送りだした食材が料理になり、それを嬉しそうに食べるお客さまの姿を生まれて初めて見た生産者さんは、「40年やってきて、お客さまが食べているのを見たのは初めて」と涙を浮かべていました。

自分が大切に育てた食材がお客さまにどう届けられ、どんな風に食べられているか。仕事に熱心な生産者さんほど、その反応を知りたがり、お客さまの率直な感想が、生産者さんのやる気を上げていたのです。

こうしたことを知り、店舗のアルバイトと産地の生産者さんとが直接対話する機会をどんどん作るようにしました。作り手の生産者さんと売り手のアルバイトが顔を合わせ、日頃思っていることを確認し合う体験は何物にも代え難く、生産者さんもアルバイトも、双方が自分の責任とやりがいを高める結果につながりました。

僕は、エー・ピーカンパニーの社員は、自社の商品を売る、自社のいいところを広めたいと願う、伝道師の気持ちを持つ営業マンだと思います。営業マンにとっての理想は、自分が心からいいと思う商品を売ることです。生産者さんとアルバイトの深い関わりが、よりよい食材を生みだしていることが、他店と「塚田農場」の違い、僕らの強みなのだと思います。

人は自然に育つもの

自然から学ぶこと

ミッション共有研修、ジャブ研修、ツカラボセミナー、幹部研修、おとな塾……と、これまで何十種類の研修やセミナーを企画してきました。

うまく伝わり、成果に結びついた時、思うようにいかなかった時、様々な反応を見てきた僕は、「成長」の言葉が持つ意味を、よく考えます。

「成長」は辞書をひくと、「人や動植物が育って、大きくなること」とあり、人にだけでなく、動物や植物など自然界に存在するものにも使われている言葉です。

僕ら飲食業は農業と深く関わる仕事です。台風、洪水、日照り、病気など、自然は被害をもたらすこともあるけれど、それ以上に何物にも代え難い恩恵を与えてくれます。

自然のパワーやサイクルの神秘を知れば知るほど、この世の中に完璧というものがあるとすれば、それは唯一「自然」なのではないかと思うようになりました。必要なものが必要な分だけ育ち、不必要になれば朽ちる。社会も、企業も、組織も、そして一人ひとりの人間にとっても、理想の形ですが、どうしたらそんな風になれるのでしょうか。

そんな時、ある番組で、自然栽培でリンゴの木を育てている木村秋則さんというリンゴ農家さんを知りました。木村さんは、農薬に過剰反応をおこす奥さんの体調から農薬を減らした栽培を思いつき、それまで日本の常識ではありえなかった、無農薬・無堆肥でのリンゴ栽培を実現させた方です。番組の中で、あまりに長い間、失敗し続け、経済的にも困窮し、ついに自殺を考えるようになり、山中に入って木の枝に縄をかけるところまでいったと言っていました。ところがその時、山の木は農薬をかけなくても害虫は木を枯らさず、堆肥を与えなくても自然になる実があることに気がつきました。

木は人間が育てているのではなく、自然に育つもの。人間はただその手伝いをするだけなのだ——。

そう悟った木村さんは、新たな栽培方法に着手したのだそうです。

植物は自然に育っている

それを見ていた僕は、植物が自然に成長するのなら、人も同じなんじゃないか、と思いました。いいことを教えられたから成長するのではなく、学べる場があれば、自然に成長していけるんじゃないか。

大きく育つリンゴの木は、土の中に、しっかりとした根を広げます。大きく成長するには、水と光が必要で、雨によって水分が、太陽によって光と温かさがもたらされます。そうして、太い幹、枝、葉などができ、すくすくと育ちます。

適切な自然環境の下で育った木は、たくましく、しなやかな木になり、地崩れを防ぎ、強風に倒れることもなく成長し、やがて、花を咲かせ、実をつけます。その実が、他の生き物の栄養となり、土に帰れば養分を与え、次の芽を出します。

これを組織と従業員にたとえたのが、次ページのイラストです。

根は人間性や価値観、土は組織、植物も人間も自分に合う環境が必要です。温かい日差しや必要な養分、水分が木を育てるように、人も認められ、優しさや愛を受けて育てば素直にまっすぐに、また時には試練や失敗を経験することで、簡単には折れない、し

大自然経営

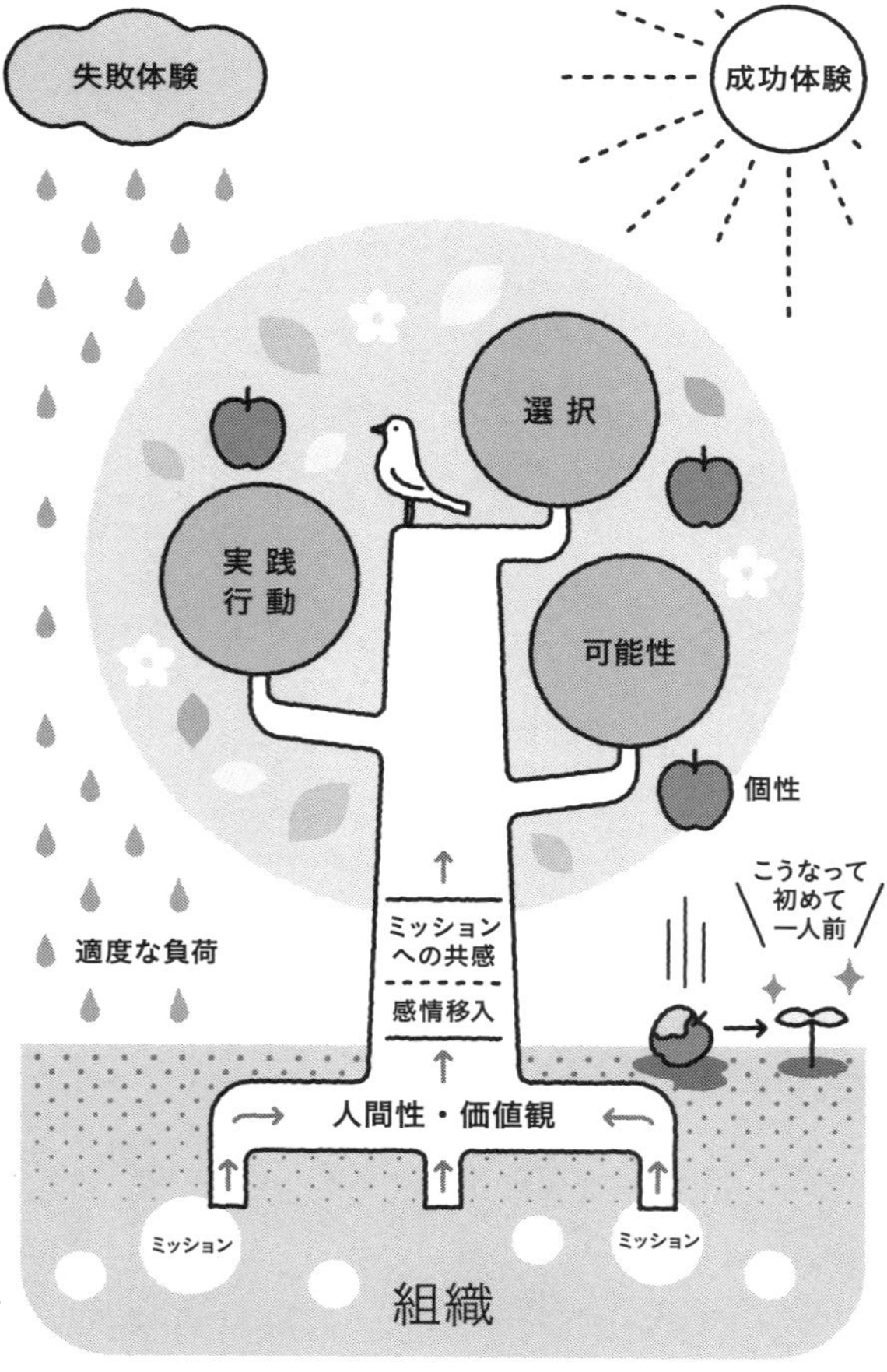

失敗体験
成功体験
選択
実践
行動
可能性
個性
こうなって
初めて
一人前
ミッション
への共感
感情移入
適度な負荷
人間性・価値観
ミッション
ミッション
組織

なやかで強い人間に育ちます。そうした多くの経験を経た後、やっと周囲から認められる強み、そして周囲からの助けを必要とする弱み、それが個性であり、リンゴの実にたとえられるんじゃないかと思いました。

そんな風に考えながら山に登ってみると、同じ種類の植物が並んでいても、高さや大きさ、花や実が、一つ一つ違うのがわかります。頭ではわかっていたことですが、同じ木なのに、葉の色づき方や実の熟し具合があまりにいろいろで、1本の植物でさえこんなにも成長の仕方に違いがあるんだから、人間の成長なんて、全然違って当たり前なんだと、教えられたような気持ちになりました。

研修で教えられる限界を知る

店舗では、お客さまの立場からすれば、「メニュー通りの、味も見た目もいい料理を、待つことなく、かといって、テーブルの上に並びすぎることなく、食べるスピードに合わせて提供してほしい」というのが、当然の願いです。

けれども現場に回ると、キッチンから料理がどんどん出て、温かいものは温かいうちに運ばなければと焦る中、別卓から呼ばれ、さらにウェイティングのお客さまが、首を伸ばして見つめる空きテーブルは、まだ片付けられていない状態、そこに響く「ドリンク、上がったよ」の声。新人スタッフでは、とても捌《さば》ききれません。

待っているお客さまのストレスを考えるなら、自分が出ていくか、ベテランスタッフにやってもらうのが一番です。けれど、毎回それをやってしまったら新しいスタッフが育つ環境にはなりません。かといって、いつもスタッフ教育を優先していては、今度はお客さまに愛想をつかされます。店長は、矛盾する2つの選択肢の間を、お客さまの顔や空気を見ながら右に左に舵をとり、教育と経営の両方を進めなければなりません。

研修で教えられることには限界があるし、自発的な行動のできるスタッフを育てるのは、時間がかかります。農業が効率を優先させてきたように、教育もマニュアルを作って均一化すれば、店長や経営者の仕事はさぞかし楽になるでしょうし、お客さまのストレスを考えると、マニュアルを作りたくなる時もあります。

ですが、教育を諦めてやめてしまったら、組織の成長は止まります。店はつまらなくなって、お客さまにも、働いているスタッフにも、やがて飽きられるでしょう。

エー・ピーカンパニーを、社員一人ひとりが輝くダイヤモンド企業にしていくと決めた以上、僕は一人ひとりに合わせた教育のやり方を探し、それぞれがやりがいを持って働ける環境を作っていくつもりです。非効率で時間のかかることだし、お客さまに未熟なところを見せてしまうこともあるかもしれませんが、それでも僕は、お客さまと同時に従業員にも愛される組織を目指したいと思います。

そんな決意と理想を込め、エー・ピーカンパニーの人材育成を「大自然経営」と名付け、この世で唯一の完璧な自然をお手本に、これからも努力し続けることを社員には伝えていきます。

おわりに

「変なホテル」

というホテルを、みなさんはご存知だろうか？

変なホテルとは、２０１５年7月17日開業の、「ロボットが接客するホテル」として話題になっている、長崎県佐世保市ハウステンボスにあるホテルを指す。

ホームページを見ると、こう書いてあった。

追い求めたのは「究極の生産性」。

徹底的な効率化のために導入した先進技術は、滞在の快適性や楽しみももたらしました。ハウステンボスの思い出をさらに豊かなものにする当ホテルに、どうぞご期待ください。

このホテルでは、人が行っていた業務の約7割を自動化することで、人件費の3分の1を削減するとともに、最新の建築技術などを活用し、光熱費も4〜5割程度削減して、世界最高の生産性を追求しているのだとか。

実際に行ってみると、クローク、フロント、ポーターに替わる業務が、ロボットによって行われていた。

また、滞在中、ホテルで働く人間をほとんど見かけることがなかったため、緊急の場合はどうするのかと調べてみると、公共スペースはカメラで24時間監視されているらしい。

きっとまだまだ進化させていくのだろう。すごい取り組みだと感心した。

けれども感心するとともに、いくつもの問いがわき上がる。

「長時間働けるロボット」

「不満を言わないロボット」

こんなにも都合のいい働き手が出てきた中で、辞めてしまうかもしれない人間を雇い、教育投資し続ける、エー・ピーカンパニーがやっていることに意味はあるのだろうか？

人間に期待する仕事とは、なんだろう。

人間にしかできないこととは、なんだろう。

そもそも人間を採用し続けることは、正しいのか？

エー・ピーカンパニーも、ロボットの採用を考えなければならないのか？

ロボットに完全にケアされるホテルのベッドで、僕は考えた。経営者の一人として、そうした判断を下さなければならない時代が、すぐそこまで来ているのだ。


テクノロジーの進化のスピードは、さらに増しており、マニュアル化できるくらいの仕事なら、今日にでもロボットが代わりを務められるという。今後も、さらにロボットに置き換えられる仕事は増えるだろうが、一方でコンサルタントやカウンセラーのような、リアルな対話を求める仕事も増えている。

僕たちエー・ピーカンパニーも、人とのつながりに重きを置き、人間の持つ可能性を信じて、仲間と働くことを望む会社である。一つ一つの仕事を見返せば、中にはロボットに任せられるものも出てくるかもしれないし、ロボットを使った方が生産性が上がるものもあるかもしれない。

けど、僕自身に限って言えば、人と関わるのが面白い。仕事を通して見る仲間たちの情熱や、思いやりや、ユーモアや、悲しみや、悔しさが、認識していなかった僕の感情を引きずり出す。魅力のある仲間は、僕の強みをさらに強くしてくれるし、苛立たせる人間は、欠点に気づかせてくれる。もしも店長を経験していなかったら、強みも欠点も含めた自分のことをここまで知ることはなかったと思う。

だから僕は、新しい人間との出会いが待ち遠しい。エー・ピーカンパニーの企業理念である「食のあるべき姿の追求」に共感し、ともに行動し、実現に向けて行動ができる人材を待ち望んでいる。

しかし、採用面接でそうした人材を見つけることは、すごく難しいといつも思う。なぜなら、採用の基準に絶対はなく、時代と会社のフェーズによって、つねに変化しているものだから。

採用は年代と世の中の動きに応じて、4つの段階に分けられるという。戦後間もなくの日本は、インフラ整備が何より優先された。大量の労力を必要とする第1段階の採用基準は、「健康、体力、力持ち」。やがて、戦後の影が薄くなり、高度成長期が訪れると、大量生産、大量消費の時代がやってきて、効率よく作業できる能力「IQ」が第2段階の採用基準となった。さらに時代は進み、PC、携帯、スマホの広がりが情報化社会を生みだす。トップを走るのは、多様な人材を活かせるダイバーシティな企業で、そこで求められるのはコミュニケーション能力やリーダーシップ能力の高さ。第3段階の採用基準は「EQ」(感情指数)の高い人材だ。自分の感情の出どころを理解し、自制できるか、他者に共感しながら相手への理解を深めていけるか。僕らもそうした教育を徹底して学び、伝えてきた。

そして今、採用は第4段階に入ったと言われている。社会はさらに複雑化し、不確実になって、今日評価されたものが、明日には薄っぺらいと切り捨てられてしまう。ニュースも流行もめまぐるしく変わり、過去の名声、去年の成功にとらわれていると、あっという間に取り残されるだろう。成功体験がかえって、自分の首をしめることになりかねない、そんな時代に必要な能力とはなんだろう。

僕は、「新しいことを学び続ける能力」だと思っている。過去の成功体験や常識に縛られず、仲間の意見に耳を傾けながらも、自分を見失わず、悩みながらも人生を前に進められる能力。こうした人材が、新しい価値観を作っていく。それが、人間に求められる仕事なんじゃないだろうか。

エー・ピーカンパニーが、効率のいいロボットではなく、人を採用し続けるのは、そうした人材が成長し、新しい価値を世の中に発信し続ける会社でありたいと願うからだ。

効率よく利益を上げるために、生産者と直接取引を始めたはずが、深くつながるほどにつきあいは非効率になり、けれどもお金では決して買えない価値が生まれた。売上のいい店を作りたくて、いろいろな戦略を練ったけれど、結局一番の強みは、アルバイト一人ひとりが共感し、行動してくれたことだった。

効率だけを重視すれば、人の想いが面倒に感じられることもあるが、互いの想いが通じ合い、同じゴールを目指せた時、結果は僕らの予想をはるかに上回り、見えなかった世界が広がる。

5年前の僕が、今のエー・ピーカンパニーを想像できなかったように、5年先のエー・ピーカンパニーも、さらに変化し続けるのだろうか。その答えを知るためには、エー・ピーカンパニーとともに働いていくしかない。

この会社に関わるすべての人間が、キラキラ輝く「ダイヤモンド企業」を目指しながら。

2016年2月吉日　大久保 伸隆

著者略歴

大久保伸隆《おおくぼのぶたか》

1983年千葉県生まれ。
大学卒業後大手不動産会社に就職。
2007年4月(株)エー・ピーカンパニーに入社。
2008年より伝説の繁盛店・塚田農場錦糸町店の店長として
数々のリピーター戦略を打ち出し、
『ガイアの夜明け』『カンブリア宮殿』の取材を受ける。
2011年取締役営業本部長、2014年30歳で取締役副社長に。
現在は社員教育、就職支援セミナーでの講義、
神戸大学非常勤講師など人材育成、教育分野に注力する日々。

幻冬舎新書 411

バイトを大事にする飲食店は必ず繁盛する
リピーター獲得論

二〇一六年三月三十日 第一刷発行
二〇一六年十月十五日 第二刷発行

著者 大久保伸隆
発行人 見城 徹
編集人 志儀保博

発行所 株式会社 幻冬舎
〒一五一-〇〇五一 東京都渋谷区千駄ヶ谷四-九-七
電話 〇三-五四一一-六二一一(編集)
〇三-五四一一-六二二二(営業)
振替 〇〇一二〇-八-七六七六四三

ブックデザイン 鈴木成一デザイン室
印刷・製本所 中央精版印刷株式会社

Printed in Japan ISBN978-4-344-98412-7 C0295
お-23-1

幻冬舎ホームページアドレス http://www.gentosha.co.jp/
*この本に関するご意見・ご感想をメールでお寄せいただく場合は、comment@gentosha.co.jpまで。